U0531849

应用语言学演讲集

YINGYONG YUYANXUE YANJIANGJI

于根元　著

商务印书馆
The Commercial Press
2014年·北京

图书在版编目(CIP)数据

应用语言学演讲集 / 于根元著. —北京：商务印书馆，2014
ISBN 978 - 7 - 100 - 09360 - 6

I. ①应… II. ①于… III. ①应用语言学－文集 IV. ①H08 - 53

中国版本图书馆 CIP 数据核字(2012)第 200879 号

所有权利保留。
未经许可，不得以任何方式使用。

应用语言学演讲集
于根元　著

商　务　印　书　馆　出　版
(北京王府井大街36号　邮政编码100710)
商　务　印　书　馆　发　行
北　京　市　艺　辉　印　刷　厂　印　刷
ISBN 978 - 7 - 100 - 09360 - 6

2014年1月第1版　　开本 880×1230　1/32
2014年1月北京第1次印刷　印张 7 $^{1}/_{8}$

定价：20.00元

目 录

我和应用语言学研究(代前言) …………………… 1

大聪明——语言学者的基本素质 …………………… 15

关于"以学术引导学术" …………………………… 25

跟中学语文老师谈谈培养中学生语言能力的
   问题 …………………………………………… 35

关于语言机制的若干假设 …………………………… 51

给语言学及应用语言学研究生的几点建议 ……… 62

学习和研究应用语言学历史的意义和方法 ……… 87

关于"语言问题驱动" ……………………………… 104

语言交际的攀升效应 ……………………………… 128

程度和类型 ………………………………………… 143

语言的要素及其关系是很丰富的 ………………… 160

说"大语言" ………………………………………… 170

谈谈关于读书的几个问题 ………………………… 187

《应用语言学概论》的编写和使用 ………………… 198

写博客的几点建议 ………………………………… 208

后记 ………………………………………………… 224

我和应用语言学研究(代前言)

2009年暑假,我想以后给我们语言学及应用语言学专业应用语言学的历史及理论方向的博士生上课说点新东西,在整理《应用语言学演讲集》。快整理完的时候,黎千驹先生来信,说他要编一个集子《当代语言学知名学者论治学》,要我写一篇稿子,还给我出好了现在这个题目。集子主要是谈治学的,目的是多方面的,我看中了其中"资料"这一点,就答应了。答应还有一个想法,以后我的《应用语言学演讲集》出版,这一篇或许可以作为"代前言"。

答应在前,考虑写在后。约稿里希望我谈的几个方面,我都谈过,这次总得换一个角度来谈吧。我想用这样的角度:几个方面里只谈对我来说到目前为止是最主要的一点。删繁就简,删次就主,避轻就重。

这也促使我想了想自己46年来的语言学研究,尤其是34年来应用语言学研究的情况。下面先说一些一般情况,然后分别说一个可能的新见、一个认识、一个可能的长处、一个方法、一个诀窍、一个建议。大致围绕"我和应用语言学研究"来谈,也不限于此。

一是一般情况。

我1963年从南京大学中文系汉语言文学专业语言专门化毕业,分配到语言研究所《中国语文》编辑部,从事编辑和研究工作。1984年调到语言文字应用研究所从事研究工作,担任过副所长、

《语言文字应用》杂志主编。1998年调到中国传媒大学从事教学和研究工作。

1975年底,我还在语言研究所,侯精一、我和张惠英承担了中国文字改革委员会的任务,编写电影科教片剧本《同志,请说普通话》。我们一路调查、座谈,还读了不少书,写了许多体会。那可以说是我研究应用语言学的开始。1980年,文字改革出版社出版了我的《推广普通话简论》。

2003年,我在中国传媒大学,商务印书馆出版了我主编的《应用语言学概论》。出版那本书,是我在应用语言学研究方面的一个很大的心愿。后来,我个人著作或者参加编写过几本应用语言学方面的书,主要的有《路途和手段——语言学及应用语言学研究方法》(中国经济出版社,2004)、《中国现代应用语言学史纲》(中国经济出版社,2005,主编)、《应用语言学前沿问题》(中国经济出版社,2006)、《应用语言学教程》(华语教学出版社,2008)、《应用语言学的历史及理论》(商务印书馆,2009)。那些都是饶头了。现在写的《应用语言学演讲集》更是饶头的饶头了。

二是一个可能的新见:语言内核外层互补说。

这个观点,集中在论文《关于语言内核外层互补说》(《长江学术》2004年总第6辑)里。

这个观点的主要内容是下面这些。

语言由比较稳定的内核和比较活跃的外层以及中介物构成,共同为交际服务。比较活跃的外层大致如新词新语、广告语言等,比较稳定的内核大致如语音系统、基本词汇、基本语法等。比较活跃的外层是比较稳定的内核的唯一来源。现在比较稳定的部分当初都是活跃过的。语言的发展变化首先表现在比较活跃的外层。语言比较活跃的外层转化到比较稳定的内核,并不完全是优胜劣汰的过程。比较活跃的外层和比较稳定的内核,总的说来是互补的关系,而不是对立的关系。某些词语用的时间长短,一般说跟它们指的概念等存在的时间长短有关。某些词语一个时期用的人多,跟这些词语一个时期同影响比较大的群体共振有关系,这些词语占了位之后,更好一些的近义词语就比较难再占位。

语言的内核部分,往往是语言水平低一些的人要尽快掌握的。语言的外层部分,语言水平比较高的人常常使用。语言的内核部分比较好做标准,语言的外层部分的使用常常用指导性的方法。我们的语言工作、语言教学、语言研究根据不同的任务来确定重心,但是都要认识到语言的整体和各部分的关系。

处于语言内核外层之间的中介部分是很重要和很需要着力研究的庞大复杂的部分。其中有一种是还有一定的新颖度而又比较稳定了,它既可以说是基本词语,又可以说是新词语。词语要维持一定的新颖度,词语的保护也很重要。语言比较活跃的外层进入比较稳定的内核之后,有的还会再到外层来。语言内部的运动不是单向的。语言活跃的外层,用多了,新颖色彩逐渐潜藏,稳定色彩逐渐显现。有的语言不怎么用了,潜藏了,后来又用,又新颖了,不怎么用的某些情况我们叫轮休、充电。

三是一个认识:实践的脚扎得越深越好,理论的头抬得越高越好。

学术研究要关注社会实践。这是为社会实践和实践者服务,也是为学术发展服务。理论来自实践,来自解决实践中的问题。我们做学问都是为了解决现实问题,现实有问题,就有造成和维系那个现实问题的思想和理论,我们要解决那个现实问题,就一定要碰到那个问题的思想和理论。我们在解决那个问题方面有了一些进展,就一定改变了那个问题的一些思想和理论,我们也就在思想和理论上有了一些发展。理论和事实本来是结合的,是我们人的认识把它们分了家。我们要恢复理论和事实本来的关系,关键是解决现实问题。我们出彩的地方,都是解决难题、大问题、麻烦的问题、牵一发动全身的问题。难题、大问题、麻烦的问题、牵一发动全身的问题,是研究的好题目,又都来自实际。

科学研究就要创新。新是逼近规律,逼近真理,逼近"是"。"是"只能在"实事"中"求",只能"实事求是"。实事求是就是务实。别人务实,向"是"靠拢了一步,我们更加务实,才能更加靠拢"是"。我们比别人更加靠拢"是"那一点点,我们叫"新"。更加务实才能创新。实事求是,要实践,要解决现实的实际问题。那个问题还有待于进一步解决,我们去解决,原有的认识或者方法没有解决好,我们进一步解决就不会用原来的一套,在认识上或者在方法上或者同时在两个方面都比原来的要进了一步,这进了一步的地方就是理论、方法的创新。理论就是这么来的。不要以为理论是玄而又玄的东西,不要到没有理论、没有学问的地方去找理论、找学问,也不要被那些玄而又玄的东西吓倒。创新是我们实事求是比别人好一些因此逼近了"是"的部分,实事求是就是深入实践、更加务实。理论、创新来源于此,不要到没有理论和不能创新的地方去找理论、求创新。

我现在对别人的应用语言学研究成果提意见,主要也在这两个方面。

联系到上面说过的语言内核部分,我们搞研究的人当然要学好、用好。我最近连续几次对博士学位论文提出这方面的意见了。有的博士学位论文把"截至"写成"截止",有的破折号和连接号混淆了。我说:我有个很好的博士生,我修改她的博士学位论文的时候写了这么一段话——你的论文有许多新见、创见,可是你也有一些语言的基本的用法不清楚。你快毕业了,要走上工作岗位了,今后怎么办啊?那位学生很有感触,几次提到那段话。现在我还要多次对别人提这方面的意见,我都不好意思再提了。还有,你提出一个教学方案,你是搞这个教学的,你实践了吗？实践检验是很重要的。关于理论,我主要用语言事实来检验某些提法,主要是正面提出建议。

四是一个可能的长处:高效率。

高效率是大聪明的标志。

语言使人类聪明而高于动物,语言继续使人类聪明而高于比较原始的人。语言学及应用语言学是聪明学。语言同很多领域有关,语言学及应用语言学很像哲学。语言跟宇宙本质上是一回事,都是分层次的、开放的、运动的,把语言搞清楚了,宇宙大的性质也就认识得差不多了。语言学及应用语言学研究者的第一要素是聪明,或者叫悟性,而且是大聪明,小聪明会抵制大聪明。

聪明是准确到位而且速度快,是极快地高质量地完成。什么"慢工出细活""欲速则不达",不在于慢还是快,而在于是不是符合规律。不符合规律,慢工也出不了细活,慢也不达。聪明是讲效率,合乎规律。高效率是运动速度快,速度是运动的层次,也是事物的层次。我们处于高层次了,才能跟高层次的事物共振,才能理解和研究高层次的事物。

我们准确到位又速度快了,碰到需要这样的时候人家才找我们干,我们才可以得到很多实际锻炼的机会。磨磨蹭蹭说了不算的人,有的还不是要大牌,有的不是什么大名人。大名人一般倒都讲信用,很认真。说话算话的人,信誉指数高,他信,也自信。我们申请课题,要能拿下来,主要靠信誉指数。我们跟朋友交往,主要靠信誉指数。

效率高,是基本的素质。而且是在克服种种困难的情况下的效率高,主要是精神活动方面的效率高。要把这个当作习惯。

我们常常是合作完成一项工作,有的有个程序,我们交出去了,下面的人才好接着做。有的有个集体的时间表,有一个没有完成，整个工作就完不成。我们高效率地完成了，还是一种合作精神。语言交际的目的和基本原则就是合作。语言学及应用语言学研究者特别要讲合作。我们合作得好，别人愿意跟我们进一步合作，我们也就便于向很多人学习。没有一个大学问是自己一个人搞出来的。

效率高还包括有时空观念。同样的事，在不同的时空里效果和价值是不一样的。有时候是机不可失，时不再来，过了这个村就没有这个店。我们有时候要赶一赶，甚至要能倚马可待。我们有时候事后说别人当初有很多欠缺，常常脱离了当时的时空来说，到自己一做就知道了，自己的条件更好了反而做得不如别人好。什么事情都没有十全十美的。自己做过了或者做过类似的事情了，提意见才比较中肯，也才有更多的发言权。从听意见的人来说，别人没有多少这方面的实践，但是有类似的实践，也可以提意见，我们作为参考。天下的事不同，理相同。

天助自助者。老天爷不会轻易地把真谛托付给吊儿郎当的或者溜溜达达的人。

做到勤奋是不很难的，勤奋的不一定聪明，大聪明的一定勤奋。聪明的人巧，他的勤奋有效高效。效率高这一点，比具有丰富的知识重要得多，是属于素质方面的，比勤奋的层次高，含有机智和巧的成分。

有人说会休息才会工作。工作没有做好，能安心休息了？能安心玩儿了？工作好了，才能安心休息和玩儿。工作起来，常常要废寝忘食。工作在兴头上，不能停下来，特别是灵感来的时候。还有，下面一道工序的人在等我们呢，我们不如赶快干完了交给别人，好踏踏实实休息和玩儿。我们效率高，工作提前做好了，可以安心多休息和多玩儿一会儿。干我们这一行的，没有什么休息日不休息日的。既然选择了这一行，就别想按时工作按时休息。要么就别干这一行。

效率高也有方法。要会统筹安排,要会分轻重缓急。要干!有时候考虑干这个好还是干那个好,有考虑的时间活儿早干完了。干活儿要会积累,就是有中介物,有很多半成品。还有,一件一件干,不如几件穿插着干。五件活儿,穿插着干,也就是占干两三件活儿的时间。因为事物都是既有区别又有联系的。我们一个人干活儿,这点本事都没有,还怎么领导一个大的课题组?还怎么以身作则带领一批人成就一番事业?而哪一个学者是一个人能成就事业的?

大聪明不是灵机一动,而是要找到合适的途径,努力靠近本质。崎岖小路和连续的攀登是必需的。

效率高,是有责任感,有事业心,而且有合适的办法,当然就机智。

我有的学生效率很高,可是他的领导使劲用他。我说我以前也碰到这个情况。有一次说编一个词典,领导总负责,要我具体负责。我说要半年,领导说一个暑假就行了。我说那更好啊。分了工了。暑假一结束,我完成了,别人几乎没有动工,那位领导也一个字都没有写。后来那位领导也不吭声了,再后来他也调走了,升官了。说话十多年过去了,那本词典也没有出来。还有一次,我负责一个课题,我们课题组正在关键时候,大家都在紧张工作。这时候领导要我们赶紧交一个有关的教材。这次我有经验了,我估计那个教材又是无效劳动,就要课题组的其他人照常工作,我个人来完成那个教材。我们的课题成果早出版了,那个教材也交出去八年多了,连出版的影子都没有,估计出版不了了。我教当过我学生的那个人办法。第一,高效率这个本事不能丢。你的活儿既然赖不掉,还不如早点干,要早点酝酿,酝酿是很费时间的。酝酿差不多了,就赶快赶出来,还要放一放,好补充和修改。第二,跟领导说,你老是叫我干,不叫别人干,别人也会有意见。你一般的事情多叫别人做,紧急的事情交给我,我给你做好。第三,我效率高,也是付出劳动的,也要适当休息。你不要鞭打快牛。我是高速齿轮,你随便用,容易坏,一坏损失就大了,划不来。再不行,第四,我做好了,但不跟你说,过好几天,估计一般要用么好几天的,我才说完成了,我也装成效率不很高。所以,高效率是需要保护的,特别需要领导的保护。还有,做领导的如果效率不高,很难要求下属效率高。

高效率也是讲方法的。例如,引文和例句后面就应该跟着详细出处,不要等要用到某些引文和例句了再去查详细出处。还有,涉及一段历史的,最好自己编个那段历史的大事记。还有,根据很多电子版的半成品写一个大型的书稿,你可以在电子版上每一段编一个号码,把稿子都打印出来,一个编号剪成一条,把条整理成大类小类和先后次序。这样,草稿就有了。然后,照草稿上的号码在电脑上调整先后次序。这样看起来费点事,其实,总的是省事了。你试试看。

五是一个方法:滚雪球。

研究语言学及应用语言学,滚雪球比打基础好。滚雪球是动态的,比较主动的,加速度的,越滚越大,上手快,后劲也足。长时间打基础,看不到成果,会比较沉闷。滚雪球是老在打基础,老有成果,以往的成果都是今后的基础。当然,起初总会有一定的时候是打基础而看不到成果的。例如编词典,可以一边编写一边收集材料,把大面上的编写出来了,主要力量集中加工,余下的词目进行小秋收。力量不平均使用。颗粒归仓只是口号而已。这样很快就有成果,能鼓励士气,也能及时知道哪些方面不足,还可以补充。研究问题也是越研究问题越多,认识越深刻。这也是积累,不是狗熊掰棒子。

滚雪球需要纵横交错,突破历时共时的严格限制。研究历史也要纵横交错。

写文章一方面要注意段落区分清楚,同时要注意段落之间的交织和联系。研究,要注意语言的延伸段和交叉段。语言连续段或者交叉部位的情况,是研究的难点,也是值得发掘的富矿。

滚雪球,雪球的外部很活跃,内核比较稳定,但是内部也要经常调整和更新。我们说的滚雪球是打比方,雪球是个有生命的精灵,它有一个内核,在吸取中发展。

采用滚雪球的方法,主持课题的人需要及时拿出纲要来。写纲要是一个重要的研究经验和方法。纲要是思想的火花,是新见解,也是亮点和文眼。纲要里要有思想,有主要材料。纲要的每一点几乎都可以写成一篇论文。论文提纲要以新见解为纲来写。新见解是比别人逼近"是""规律""真理"的地方,我们一点一点深入,占领未知,连起来就占领了一大片。研究就是占领未知,不是重复。注意纲要,这也是提高效率的方法。

六是一个诀窍:研究语言,你多研究研究人。

语言是人的一部分,这是不少人的认识。例如,扬雄在《法言·问神》里说过:"故言,心声也。"曹志耘说过:"语言,也可以说是人的一部分。人文性是人类语言最重要的属性之一。语言的文化性质、文化价值和文化功能就是语言的人文性。"(于根元等《语言哲学对话》41页,语文出版社,1999)我也赞成这个认识。下面还有两个例子可以参考。

张炜在小说《古船》(人民文学出版社,1987)里写到书的气。一位老人看书特别快,抱朴不解地问老人,于是有一段话:

"有人读字。有人读句。我读气。"

抱朴陷入了茫然。他想问老人什么是"气"?一本书里怎么会存有"气"?老人抿一口茶说:"写书人无非是将胸襟之气注入文章,气随意行,有气则有神采。读书务必由慢到快,捕捉文气,顺气而下;气断,必然不是好文章。一页书猛一看无非一片墨色,字如黑蚁;待文气流畅起来,有的黑蚁生,有的黑蚁死。你两眼只看活处,舍弃死处,顺势直下,当能体会写书人运笔那一刻的真趣。不然就枉费精神,只取皮毛,读书一事全无快乐可言。"(367 页)

这里写了读书,是读"写书人运笔那一刻的真趣"。也写了写书:"写书人无非是将胸襟之气注入文章,气随意行,有气则有神采。"
还有一本书里也写到这个意思,那是说两个人口头争论:

(萨拉和一位秘鲁大学的科学家)他们说着说着都有些上火,但我是似听非听。我所关注的是他们能量场的活力。当争论开始时,菲尔和我退后几步,萨拉和那位高个子各自站定,面对面,中间相隔约四英尺的距离。他们两个人的能量场似乎很快就厚实和骚动起来,好像是来自内部的震颤。随着交谈的深入,他们的能量场开始混杂起来。当某一方阐明他的观点时,他的能量场有相应的动作,似乎采取一种削弱对方的策略,去吸吮对方的能量。而对方作辩驳时,能量又朝他那边流动。从能量场的活力的角度来观察,争论中占上风,意味着掠夺对方的能量场,占为己有。([美]詹姆斯·莱德菲尔德著,张建民、唐建清译《塞莱斯廷预言》66 页,昆仑出版社,1996)

我认为语言的本质是人。
天地人当中,人是天和地的产物,是联系以及反映天和地的。语言是人交际的工具。语言还是人的一个部分。研究语言最根本的是研究人以及跟社会、自然的关系。我们要从研究人的角度来研究语言。

很多关于语言的理论,实际上都是关于人的理论。语言交际理论,说的是人使用语言的交际。交际值是人交际到位的程度。语言规范工作,实际上不是使语言规范,而是使使用语言的人使用语言规范。语境主要讨论的是人的关系。同样一个意思跟不同的人说,往往色彩不同,主要原因是人的色彩不同。说话要有一定的新颖度或者叫陌生化,那是人的交际需要稳定的一面和新颖的一面。还有一些语言现象长期不用,用起来又新鲜了,我们说是轮休或者充电,实际上是人的遗忘造成距离美。语言不能纯,主要原因是人不会纯,包括人认识语言、掌握语言、使用语言不会纯。语言分层次,是人分层次。还有语言的交流,例如外来词,是人的交流。语言的弱势和优势,跟民族、国家的弱势、优势有关。语言的个性,语言的风格,都是人的个性、风格在语言方面的体现。人机对话的本质是人人对话,或者说是人跟仿人对话。语言的要素和结构是丰富和多样的,也可以从人的要素和结构的丰富、多样得到启示。给人改一些不好的用语,要同时帮助这个人改一些不好的地方才有效。

研究者还要正确认识自己。模仿不可能逾越。你认识和鲜明地展示了你的个性,你为整体发挥了你特殊的作用,在这方面你也是不可逾越的。

进一步解放语言也是进一步解放人类自身。

我们曾经长期以阶级斗争为纲。后来好不容易以经济建设为中心,但是一度比较注重量的大发展。现在科学发展观,建立和谐社会,要以人为本。还要争取认识和化解各种矛盾,尤其是人民内部矛盾。还有人跟自然的矛盾,同世界各国的矛盾和差异,尤其是文化上的差异。都要正确认识和化解。语言和语言,语言和人,都要注意和谐。人要善待语言。

电脑 MSN 文字通话里,有的汉字夹了些活动的图。例如:"忙",夹个复杂的动物;"见",夹个闪动变化的手机;"了",夹颗心和汉字"了"一起跳动;"好",夹个动物在思考;"新",夹两个孩子要提中间的桶,整个图像忽隐忽现;"我",是 me、I 和"我"字闪动;"去",夹一个动物跑,一颠一颠的;"取",夹个动物背个大口袋在走;"来",夹个活动的人。有的标点符号也这样,例如:问号,一个动物思考状,右上角是"?"。后来我看到这一类的里面,汉字不出现了,不知道是起初就有的另外一个版本呢,还是后来的变化。还有的起初就不用汉字,只有动漫,例如:一个憨厚、可爱的孩子笑得一颤一颤的,意思是逗乐了;还有笑得合不拢嘴的。最后这种,大概很难跟一两个一定的汉字对应。

或许汉字是灵体,或许是一个大的灵体流动到了那个时空出现那样的样子。那些是活泼的、活灵活现的精灵。叫人想起这个问题:或许汉字、外文,本来就是活的,是生命体。

七是一个建议:致年轻的同行们。

华中师范大学中文系现代汉语教研室筹办的"首届青年现代汉语(语法)学术讨论会"1986 年 9 月 1 日在华中师范大学开始举行。一百多位年轻人聚在一起。我在会上有个致辞《致年轻的同行们》。那时候我 46 岁。那个致辞好像还有些影响。2009 年 4 月 14 日一次聚会,郭熙和周洪波又谈起这个致辞,他们两个那时候是在会上的。二十多年过去了,我又看了一下这个致辞,觉得作为给年轻的同行们的建议似乎还是可以的。全文抄录在下面。

(一)

我们还算是中年语言学工作者,其实已经是半大不小的老头儿。我们自称"过渡性人物"。"人物"是自嘲,"过渡性"

说到了本质。

我们青春年少的时候露过头角,开了花,结了点果。接着,遇到了连续十年甚至十多年的大旱。后来居上、青出于蓝、后浪推前浪,这些规律到了我们身上出了毛病。我们现在又得到了灌溉,但是只能结点没有多少甜味儿的小果子,人们也只好凑合着吃。想吃好的,得等几年。

既然历史给了我们充当"过渡性人物"的光荣,我们就多向老一辈专家请教,多同差不多年纪的同行商讨,多向年轻些的同行提些建议,寄希望于未来。如何平稳地度过过渡期,我们多少摸索了一些经验。一批人以后或许会有失误,但无论如何,摸索的经验是有历史价值的,这几年的局面是空前的。

不少规律碰上"史无前例",不怎么适用了。但是有一条可能还是适用的:庄稼在灾年之后是丰年,果树在小年之后是大年!过渡期之后是繁荣兴旺,未来是充满希望的!

不过,有一些年轻同志可能有幸赶上过渡期的后期,那么,也请甘于当"过渡性人物",当好"过渡性人物"。

(二)

今年春天,厦门大学一位同行陪我上大田。他这是第二十次上大田,大田人已经授予他大田公民的称号。看完吴山乡推广普通话的展览之后,他深情地对我说:"这是我参加写的一篇论文。"是啊,这是没有发表在学报上的论文,是发表在大田土地上的论文,是同大田人民一起长期经营的事业。

语言工作者的任务无非是发展语言学事业。教学、研究,研究里又分基础研究和应用研究,都只是事业的一部分。经营一番事业,就需要脚踏实地,讲策略,讲实效,不迎合又不保守,有科学工作者的品格,有事业家的眼光。

（三）

有的年轻同行问："我研究个什么问题好呢？"要有确定题目的本领，不容易，但是自己挑几个题目研究成功还不算太难。有的同志看人家研究什么他研究什么，什么热门他研究什么，虽然不是研究什么就研究成什么，但也还是研究成了一些什么。不过，总是缺了些什么——缺了风格！我建议年轻的同行多考虑一下："我的立足点在哪儿？"语言学的历史、现状、趋势，现在队伍的构成，自己的责任和优势，综合这些因素来确定立足点，这比确定几个研究题目要困难，要重要。

立足点需要寻找和确定，还需要通过继续学习来巩固和调整。急于求成，是不可能有立足点的。缺乏全局观念，也难于确定立足点。有了立足点，才有立足之地，才有基地，才有安身立命之所，才可能出系列的成果，才可能有风格。

立足点也是制高点，身居一点而管一片。

（四）

我国语言学界需要形成学派。

既是学又是派，就是一批人有成体系的学术思想和学术成果。学术就是科学，就是探索，不能一个人几个人包揽科学，不能一批人包揽科学。要胸怀宽广，善于团结人。学派，这一派同那一派不一定非得"不是你吃掉我，就是我吃掉你"，可以共存，可以你中有我我中有你。那么，就需要同另一派或另几派多联络，向另一派或另几派多学习。科学知识多的人更懂得团结的可贵，文人应该相知、相爱。有了这些，才可能形成学派，否则还只是山头。

愿我国十年到十五年形成语言学派。那时候，年轻的同行们正年富力强，我们也完成了充当"过渡性人物"的历史任务。

大聪明——语言学者的基本素质[*]

在座的,有的是语言学者,更多的是未来的语言学者。我们今天谈谈心,讨论一下什么是语言学者的基本素质。

好像一个外国的大科学家说过这样的意思,一个人要成功,要有百分之九十九的勤奋加上百分之一的天分。好像他是非常重视勤奋的。后来有个搞外文的人告诉我,其实人家下面还有一句话呢,我们一般不引,也不告诉人家,那就是:这百分之一的天分往往更重要。

我以前也认为聪明是很次要很次要的,勤奋特别特别特别重要:天道酬勤,勤能补拙,笨鸟先飞,乌龟跟兔子赛跑乌龟赢了。我们不少前辈没有怎么开导我们说聪明特别重要。说是你不喜欢兰花吧,你就天天跟兰花打交道,情人眼里出西施,你逐渐就喜欢上兰花了,你以后就会研究兰花了,你研究兰花就会研究出成绩来了。好像这是开导一些年轻人喜欢语言学的一个典范的说法。还有,说语言学里生荒地是很多的,例如你能发现一个语言材料,把某某语言现象出现的时间提前了,贡献也很大。注意语言现象,是极其重要的。

---

[*] 2005 年 4 月 18 日在鲁东大学文学院的演讲。

后来我认识到语言学者聪明的重要,也是有个过程的。

有一年,大概是1985年,中国文字改革委员会邀请到北京来参加一个什么大会的部分外国学者聚一聚,学者们走错地方了,我跟车去接他们。回来的路上,我跟美国的黎天睦坐在一起,我们原先认识。那个时候,我朋友的一位硕士要去美国跟他深造。他问我某某怎么样。我回答说:"挺好的。挺刻苦的。"黎天睦好像对我的回答不怎么赞同,他说,他们美国一流的学者都不是很刻苦的。

后来某某给我来信说,她在美国累死了。我发觉美国的许多学者还是很刻苦的,原来我们说的刻苦,在美国学者那里都数不上,他们学者里不怎么刻苦的比我们刻苦的还要刻苦得多。我们经常说我们如何刻苦,实际上我们在这里把刻苦这样的美德和传统丢掉许多了,可能到美国中餐厅里打工洗盘子的时候刻苦,可能去某个国家打工到殡仪馆背尸体的时候刻苦。在我们这里,自己家里,并不怎么刻苦。而从事语言研究,从事科学研究,真正的刻苦是必需的,但还不是很重要的。

我后来也发现了聪明的重要。有一个别人的研究生,和我有些关系,人是很勤奋的。他答题一答一大篇,面面俱到。可是你问他另外一道题,他基本上还是这么回答。你要甲,他把甲乙丙丁都给你,你要乙,他把乙丙丁戊都给你,让你自己挑,反正总有一款适合你。这样的人,人是很好的,但是带他搞科研,他累得要死,你也累得要死。

于是,我觉得,勤奋是基本的,起码的。勤奋的不一定聪明,聪明的一定勤奋。既不够聪明又不怎么勤奋的,不可说也。

勤奋还分层次。在语言研究所的时候,我的好朋友闵家骥,你说我们打一会儿乒乓球啊,他陪你打一会儿乒乓球,你说我们一起上街看看啊,他陪你上趟街。你看不出他忙。可是到年底结账的时候,你看看,他做了多少事情啊,有多少成绩啊。他做那么多事情不都得花时间吗？不花时间做得出来吗？那叫不动声色，那是不显山不露水，那是大聪明。后来，我有的朋友说他忙，我说，说自己忙，那都是没出息，你真的那么忙吗？那是乱忙，忙乱。人家说你"百忙之中"如何如何，那是客套话，那是恭维你，你自己可别真以为你"百忙"了。那是对我的一些朋友说的，不包括别人。

那时候的前后，我们很多语言学者都认识到了大聪明的重要性。邢福义说他要求他的研究生，第一是"悟性"。"悟性"，是大聪明的另外一个说法。我还跟好几个语言学者讨论过这个问题，好些人都认为聪明要放在第一位。

什么是聪明呢？我们从实际中来看。例如，你提一个思考题，甲回答得比较到位，乙回答得不够到位，你说，谁聪明？对了，甲聪明。还有，同样到位了，甲回答得快，乙回答得慢，你说，谁聪明？又对了，甲聪明。聪明，大体上可以说是迅速到位。

到位是准确。准确里包括很有分寸。所以说分寸感大体上是属于机智里面的。很有分寸，就有倾向性、针对性，不是各打五十大板或者各赏五十大洋。有的人似乎很客观，动辄说当前某某研究几多几少，罗列几种现象，做低效比较。他似乎极其公允，不偏不倚，永远是"常有理"，一碗水端平，天平上两边的砝码一样重。实际上，在一个具体的时空里，两边同样对或者同样错的情况几乎是不可能的，"五十步笑百步"，不对，但是，五十步跟一百步还是不同的。我们有时候脱离具体的时空，讨论问题会泛化。你不够准确，就缺乏分寸，表达就不够生动，措施就很难解决问题。

有一次，我作为两个主嘉宾之一参加一个电视台关于网络语言的节目，有一个评论组说他们做过一些调查：网民比较喜欢网络用语，不是网民的喜欢的人少。当时的主持人不同意这个调查，大意是说，你去调查网民怎么行？我听了主持人的话觉得很奇怪，关于网络用语的评价，为什么就不能去向使用的人调查？为什么反而要由不使用网络的人来说了算？他们不使用网络语言,有的还不上网,他们对此反而有决定性的发言权？估计问题还是出在认为不是网民的人是旁观者,对网络用语的评价会公允,会客观,会清。我由此觉得,我们不能太迷信"旁观者清"了,太迷信所谓"客观"了。我们要深入生活,深入群众,深入到热点的讨论、研究中去,要成为积极的当事人。我觉得,这样才能深入认识事物。所以,聪明,又体现在深入生活和深入生活的结果。不要提倡游离在生活的边边上。

迅速也是很重要的。我有个本科的学生赵某某,她参加了"挑战主持人"节目。有一次在校园里碰到了,她说她周赛得了冠军,要参加月赛了,要我看看她月赛的节目,给她提提意见。我看了她月赛的电视节目。头上她表现得都挺好的。后来剩下她和另外一名选手了,由场内的嘉宾提问考核。有一位嘉宾问赵某某:听说你很喜欢杨澜的？赵某某说:是的。这位嘉宾又问:前不久,杨澜作为十大新锐人物,说是宁可在探索中失败,也不愿在安逸中成功,你今天来是抱着什么心态呢？赵某某回答:我希望在安逸中成功。我一听她这么回答,急死了。课堂上我不是给她们说过要重视生活里的问和答吗,而且举例说了回答选择问不一定要从对方提出的几个答案里选一个。她这么回答,分一下子掉下去了。她注意了问的里面的"成功",不很注意前面还有"安逸中"呢。后来又在校园里碰到她了,我说:你如果回答说"我希望在探索中成功",嘉宾一定是一片鼓掌。赵某某拍着手跳了起来说:我刚下场就想起来了应该这样回答。你看,刚下场想起来了,管什么用？差几秒也不行啊。那还不是一般情况下的迅速,是在那样相当紧张情况下的迅速,要会急中生智。

我们常常认为哲学是聪明学,其实语言学也是聪明学。

语言学很像哲学,跟许多学科发生联系。语言学长期在哲学里出不来,有它的道理。大哲学家没有不谈语言学的,大语言学家也没有不谈哲学的。以前我们语言研究所归中国社会科学院,跟心理研究所都在端王府大院子里。有人说,心理学是自然科学里最靠近社会科学的,语言学是社会科学里最靠近自然科学的。这多好,容易跨界。语言学跟宇宙科学、生命科学的关系也很密切。我说,语言学跟哲学,跟宇宙科学、生命科学是街坊,是邻居,你住在那儿没有不到街坊、邻居那儿串串门儿的。不串门儿太可惜了。宇宙是什么样的?大的方面,它是运动的、分层次的、连续的、联系的,结构和运动是混沌的。语言也是如此,大的方面是有很多共同点的。你把语言的这些大的方面认识到了,你对宇宙的这些大的方面也认识到了。

有人说,你们搞语言的智商应该高一些。我问:为什么呢?回答说:你看啊,同样是说话,你们能听出里面的许多名堂,听出里面很细微的不同,比我们敏感多了。这个说法是有道理的。我们研究广告语言的时候特别有这个感觉。语言研究往往在资料方面要做大量的工作,往往是不够聪明但勤奋的人也可以在语言研究的某些方面做出一些成绩来。广告语言的学习和研究比较多地需要聪明。创作广告需要智慧,需要思想的火花,创作广告是聪明人的事业。学习和研究广告语言是学习和研究聪明人的聪明的结晶的事,也需要聪明,也容易聪明。我们学习和研究广告语言,可以把自己培养得全面一些。

或者说,语言学大体上也是智慧学,需要有智慧的人来学习,学习了更有智慧。语言本来就是使人脱离动物而更有智慧的,而且使人区别于原始人而更有智慧的。

或许有人会说:学习和研究语言的人本来就不多,经你这么一说,人家更不来了。我说:不来就不来呗,我总不能骗人家来吧。没准儿经我这么一说,有不少大聪明的人反而要到这个领域里来闯一闯呢。

刚才说到了机智。我们说一篇论文很厚重,那大体上是指必要的劳动量很大。厚重是不够的,还要机智。机智,总的是要巧。研究,是要解决问题,你正面解决也可以,侧面解决也可以,迂回一下解决也可以。要找一个好的抓手,一抓能利索地抓起来。不必都是正面进攻。我希望我学生的论文,还不是其中这儿那儿有好几个小的闪光点,而是让别人一看题目就眼睛一亮,例如赵俐的论文《说"夏天着"》(《长江学术》2004年总第7辑)。你找到了抓手,还把你认识的碎片连成一幅完整的图画了,很多问题你看清楚了,还找到了表述的切入点,你会很兴奋,很激动,恨不得立马把论文写出来,也往往能立马写出来,立马写出来了还挺好。

材料是必需的,思想附加值也是必需的。2001年10月26日到29日,厦门大学主办第三届全国现代汉语词汇学研讨会。主题是:词汇比较研究,词汇单位和熟语研究,词汇研究和辞书编纂。我跟熊征宇参加了。会上有一篇论文,调查了许多网络用语,我跟熊征宇议论说,这个作者很勤奋,但是不够聪明,因为思想附加值不够;材料不错,厨艺不够。

说熟能生巧,要看怎么理解了。我们认为熟是必需的,熟容易生巧,但是熟不一定必然生巧。

大聪明还有许多表现。我们从大聪明人的实际表现里可以归纳出来。

一是平易近人。大聪明的人都知道自己需要深入群众,自己是群众里普通的一分子,聪明的来源是群众的智慧。一旦脱离群众了,他什么都不是。说是某个国家的贵族要几代人才能培养出那样高贵的气质。我们中国可能不同,大聪明一定来源于深入人民群众!还有,在这样动荡的岁月,谁没有落难的时候?你今天得意了狂什么?你落难的时候是谁帮助你的?你能保证今后再也不需要别人的帮助了？有一个人当了几天官，有点傲，有点拿架子。另外一个人当面说他：你这点官我也当过，有什么了不起的，你能当一辈子官了？你就不会有下台的时候？

我们常常有各种各样的虚幻的光环，或者说有许多在那个位置上的资源，你要想想一个真实的你，你要知道你能吃几碗干饭。

二是大气。不要拘泥于小是小非。尤其是男子汉，要有点男子汉的气度，不要老是小肚鸡肠、斤斤计较、婆婆妈妈、絮絮叨叨的。语言现象是很重要的，但是语言现象和它变化的条件合起来的语言运动的秩序要重要得多，由此为基础的语言观要重要得多。很多语言问题一下子是说不清楚的，认识要有一个过程，有的要有很长的过程，所以要鼓励不同意见。我当了这么多年编辑，读了那么多的稿子，我们同意发表的稿子也很多，但是，可以这么说，就我们来看，没有哪一篇稿子说得百分之百全对的。发表的往往是大体有新见、有道理的。而且，创新和错误往往又是共生的。因为它创新，起初难免过或不及，难免偏离。而且大的学术上的是非，往往需要社会历史的检验。

大气还是一般情况下情绪不大起大落，不大悲大喜。

大气，很重要的一点是重在建设。你不也是搞这一行的嘛，你也画蓝图啊，你也添砖加瓦啊。

三是浪漫。浪漫是非常重要的。浪漫是富于想象，浪漫是有情调，浪漫是出其不意，浪漫是别出心裁，浪漫是独辟蹊径，浪漫是天真烂漫，浪漫是童心大发，浪漫是举重若轻，浪漫是深刻加顽皮。浪漫是该化腐朽为神奇的为神奇，该化神奇为腐朽的为腐朽，都是说出事物的本来面貌。或者说，浪漫是不吃你权势、霸道那一套。浪漫，才敢于思考，敢于创新。浪漫是有力量、有智慧的表现。浪漫还是用诗一般的语言和前瞻的眼光说明事物的未来。

四是低调。大体上，很多时候，我们是很需要低调的。不是凡事都需要大声吆喝、鸣锣开道。你做就是了,别人又不是都看不出来,即使几乎别人都看不出来又怎么样呢?现在,很多人喜欢低调的论文,因为低调的论文往往比较实在。尤其是某些情况下,低调还是看得久远。

这里说个故事。2002年6月22日,我作为嘉宾之一到中央电视台"十二演播室"栏目谈网络用语问题,去接受争论。我知道时空点对我的谈话不利,我想我就主要面对镜头外的广大观众,面对将来。我的态度是从容地微笑。在这之前,我们看世界杯足球赛,看到法国队的一名队员把一个机会很好的球踢偏了一点点,他没有呼天哭地,镜头里一个大特写:他在很甜很甜地微笑。我们都被他这个特别美的微笑感动了。在"十二演播室"做节目,我自始至终都从容地微笑。我的很多朋友和学生看了电视以后对我的表现很满意。我这是向那位法国队的队员学来的。这一次实践很重要,我后来比较习惯了在我是少数的情况下阐说意见和团结人。

五是有后劲。有后劲,总是不断有效积累,而且总有有效的积累的来源。这跟语言表述也有关系。我在当大学生的时候,有一次省里一个名不见经传的人来做报告。总的语调都是平平的,前面一大半平淡无奇,可是后面新见迭出。他前面说的都是后面的铺垫,后面跟前面都呼应上了。我后来也向他学习,前面打基础,后面逐步提升。后来,我写散文在这个基础上做了一些变化,有时候把后面的话一开头就说一说,给读者一点悬念,也是吸引人吧,前面后面有好几次的照应,不过一般还是后面比前面有些提升。

有人分析几种做语言学术报告的效果,说有一种是听的人不断地鼓掌,气氛很热烈;一种是听的人特别安静,在沉思。我比较喜欢后面一种。

人的一生或许是一篇大文章,段落或许需要这样安排。

六是讲信用。语言交际的目的是合作,寻找生长点,相互启发。你可能要跟一些人虚与周旋,但是总要跟许多人讲信用,总要跟讲信用的人讲信用。我要求我的学生,你说好几点来的,碰到什么事情了,需要变化了,尽可能早点说。路上堵车了,你也尽可能早点说,不要到了该到的时候才打电话说堵车了,甚至还不说。你说人家平易近人,有一种情况可能是你不够平易近人,越不是大人物的越不平易近人。以自我为中心,不把别人当一回事,不把别人的时间当一回事,随便吆喝人、使唤人,反正你"招之即来""挥之即去"。我现在对付这种情况的做法是,一开始你招我,我即来;你不要我了,也不说理由,也不打招呼,我被挥了,我走了;下次你又招我,也不解释上一次挥我的原因,我就不来了。

现在要注意的倒是不靠谱的人比较多。有的人太不靠谱,说大话,许大诺,什么你穿的鞋我包了,你孩子要去哪个国家留学找我一句话。有的人小不靠谱,识别起来就比较难,不过上了几次当的人总会留个心眼。

做学问,更要靠谱。要不你就别做学问。做大学问,要大靠谱,大聪明。不仅大靠谱,而且能识别和对付各种不靠谱。

我们说的是大聪明,不是小聪明。我觉得小聪明会来事儿,有点耍滑头,还不如不聪明。我遇到一些小聪明的人,你一谈到大聪明,奇怪的是他们不高兴,不赞成。小聪明还不是大聪明的较低层次,小聪明跟聪明不是一回事儿。小聪明会抵制大聪明,也成不了大聪明。

你要认识大聪明,起码你也希望聪明,也比较聪明,因为那样才可能共振,认识是一种共振。说"大智若愚",那是说大聪明有许多地方跟愚蠢相像,或许有的人就认为是愚蠢。例如说要谦虚,要低调,要靠谱,不要斤斤计较,有的人就认为那是愚蠢。所以,大聪明要是找好多人来评价,往往是有的人说好,有的人说看不出来,有的人说那是愚蠢。一定是这样的。如果没有人说愚蠢,那说明还不是大聪明。如果听到有人说他愚蠢他就动心了，他也不是大聪明。如果听到有一些或者许多并不够聪明的人起哄捧他，他因此沾沾自喜、洋洋得意，甚至忘乎所以，他也不是大聪明。

所以，要成为大聪明也还不是那么容易的事。因为你还不够大聪明，你还看不出大聪明啊，而且搞不好还把小聪明当成大聪明了，自己也掉到小聪明里面去了。

另外一个方面，说难也不是很难。因为做人总有个基本的准则，这些准则也有它的基本的根据，就看你怎么选择了。还有，人人都有大聪明的基因，后天是唤醒和充而用之，在座的，有的已经是语言学者，多数是未来的语言学者，你们身上大聪明的基因一定比较多。

如果你希望大聪明，你要找到成为大聪明的途径，我也试着给你提供一个参考。那就是选优。你要经常看到人家的优点，看到了，需要学、应该学、可以学的就学。可以说，这样做，是你大聪明基因唤醒和充而用之的途径及体现。说"物以类聚，人以群分"，那应该是动态的，你应该往大聪明的人群里挤啊。张贤亮解释"和谐"，说是人人有饭吃，人人都说话。说不同的话，说了还更和谐。不是某些大专辩论会那样的双方相互掐，而是讨论、补充。我们搞语言学的人，特别要注意新的好的语言现象、新的好的语言学思想，是语言规范观、语言观，也是审美观、人生观。语言的动态发展，是语言规范的主要任务。不是朴素的简单语言一概都好，要看具体使用，在使用里看好不好。古人说"信言不美"，有人说真理都是朴素的，不一定。朴素和华丽都是需要的。该朴素的时候朴素，该华丽的时候华丽。该华丽的时候朴素了，也不见得好。一个比较大的语言单位里，往往是朴素和华丽的结合，有浓妆也有淡抹，朴素和华丽是吉祥的一家。

关于"以学术引导学术"*

先要区分学术上的铺开和乱窜。

学术上,我们需要发展、提高,有时候是尝试、探索、试验。拿文艺来参照,王蒙和张炜他们好多人的有些小说,跟他们原来的路子很不一样,也不一定都成功。我们要知道,他们是在试验,那是铺开,是一种提高,比墨守成规好得多,比路子窄好得多,比只发挥自己已有的强项好得多。试验的过程中,允许有起伏。有的人则不同,乱窜,东搞西搞,没有章法。浪费时间,还怪别人老拉他的差。其实并不都是别人老拉他的差,而是他老往那些里面扎。有的人看起来特别忙,他自己也说特别忙,可是经常在他完全可以不参加的活动里看到他。往往不是别人邀请他来的,是他自己闻风要求来的,别人也不好说不要他来。乱窜有轻有重,有的明显,有的不很明显。有的阶段不明显,可是要交货的时候,例如要交博士学位论文的时候,就要来真格的了。你前一两年乱窜,这半年几个月就一下子拿出合格的博士学位论文来了?你自己心里明白,前一两年你是不是乱窜了。

我在《二十世纪的中国语言应用研究》(书海出版社,1996)的

---

* 2006 年 12 月 30 日在中国传媒大学"应用语言学前沿"博士生课上的演讲。

后记里说：

> 前些天，有一位年轻的朋友说他近些年来窜了几个研究方面，一位学者回答说对年轻人的培养恐怕应该是这个样子，老在一个方面不见得好。这些年来，我常常想这个问题。我觉得有三个区分标准。一是自己是不是自觉的、清醒的。这个自觉，不一定是事先就有这个计划的。如果是，那是进一步学习，开拓，否则是乱窜。二是自己每经过一个方面是不是有收获，甚至有一定的发言权。如果是，那是进一步学习，开拓，否则是乱窜。三是自己研究方面流动变化，是不是有一点不变的，那就是始终在解决语言和语言应用中的实际问题并且从中寻求规律。如果是，那是进一步学习，开拓，否则是乱窜。（437—438页）

换个说法。一是自己大体有个计划的叫铺开；二是自己有个研究核心的叫铺开；三是可以有助于自己整体学习提高的叫铺开。否则叫乱窜。

有的人可能不知道在忙些什么，反正不是忙学习、忙研究。那种乱窜还远远比不上上面说的乱窜，研究那种乱窜没有学术性，这里就不说了。

攻读博士，大体有两种路子：一种是整体提高，写学位论文是整体提高的一个重要途径；一种是集中写学位论文，很多活动围绕写学位论文来。前一种当然好，但是可能会有这样的情况：这个学生别的论文发表了不少，可是写学位论文很匆促，质量也一般。还有的，基础的确提高了，起初论文总不见发表，他自己很着急，还可能怀疑这样整体提高的培养路子到底好不好。我们有的学生现在总算在语言学的核心刊物上发表论文了，开始过了发表关了，心里踏实了。在这之前,看着别人一篇篇论文发表了,你投稿都退回来了,你不着急吗?我看你是着急了。你现在安心了。你的后劲会比较足,因为你的基础好一些。人在娘肚子里是整体孕育,后天也是继续整体生长,我们语言学的方方面面是关联的,也应该是整体发展,你个人语言学水平的提高也应该是这样的。我们不是说"大器晚成"吗?晚成的不一定是大器,但大器一般都比较晚成,因为做一件大器比较费工夫。你晚成也没有晚到哪儿去嘛,比别人也就晚个半年一年或者一年半的,到你学位论文答辩之前,你的成果也发表出来了嘛。后一种情况大概容易发表一些应时的论文,但是基础方面的提高会差一些,后劲可能会差一些。还有,你知道你毕业以后做什么工作吗?如果工作确定了还好一些,不然的话,毕业后的工作如果跟论文的内容距离比较大,你应变起来会比较困难。

我想,一方面注意整体提高,一方面注意学位论文。两个方面适当兼顾一下。有了工作的,好兼顾一点。

整体提高,主要在这些方面:语言观,思想方法,科研态度,研究方法。

科研,可以以学位论文为中心来铺开。题目不要太窄,或者看起来题目不大但涉及的面可不窄,需要多方面的功力。总的是解决了现实和学术的某些问题的,有助于学生提高的。有本事的,题目适当大一些,铺得大一些;有困难的,题目适当小一些,收拢一些。这是就你的本事而言。从另外的方面而言,例如你谈的是个比较新的问题,你还是需要谈到有关的方方面面,不然的话,你以后很难在这个范围里一个部分一个部分深入。再说,你不多方面考察,只是在其中的一个部分,又怎么能立马深入呢?面要比较宽,在其中的一两个部分比较深入,这样比较好。如果你谈的是个老问题,就要着重在症结点上深入,集中一些。我们考察的时候、研究的时候,一般面都比较宽,写法上往往一点突破,找那个可能比较有全局意义的点来突破,表面看起来题目不大,似乎还有点就事论事,其实背后的深层的意义很大。

下面讨论一个认识方法问题。我的朋友高万云 2001 年在山东文艺出版社出版的《文学语言的多维视野》里有一段话:

> 文学家、文论家们请来了"多国部队",嘲讽语言学家为"屠户":"语法学家并不是一种语言实际结构的科学家,他是一种屠户,他把语言的有机组织变成了可以上市适合食用的大块带骨肉。"(1 页)

末了的引文有个注:科林伍德《艺术原理》,中国社会科学出版社 1985 年版第 264 页。

由此有一个问题,就是关于带骨肉和活猪的关系的认识,就是研究的某个问题和关联之间关系的认识。

我们要防止把带骨肉当成活猪,但这又是难免的。一个是我们知道得太少,认识很容易片面。我们说研究语言学悟性很重要,但是悟性也是分层次的,悟性的提高还要靠"感",感悟感悟,不感很难悟。语感很重要。我们一个是对各种语言的接触太少,得出的结论容易片面。大概在 20 世纪 60 年代初期,有一个提法叫"唯心主义万岁"。不是称赞唯心主义,而是说唯心主义是很难避免的,是千秋万代都会存在的。认识片面就容易滑到唯心主义里面去。一个可能是语言观有问题,由于种种原因不去接触各种活的语言,不去探讨关于各种活的语言的问题,甚至反对这样做。还有一个说法叫"醒悟",可能以为醒就是醒,不醒就是不醒,绝对的两分法。其实,醒与不醒也是亦此亦彼、分层次的。我们很多人可能有的部分比较醒了,有的部分比较不醒,比较醒的部分也是比较而已。我们认识不到这一点,以己昏昏不可能要人昭昭。"毁"人不倦,那是某种程度会出现的。连着的还有一个说法叫"觉悟",觉连着感觉和觉醒。

解决的办法,一个是自己多学习。语言和语言学也不是自足的,不联系别的来看语言和语言学,也有可能把带骨肉当成活猪。我们要融于自然、融于生活、融于社会来看语言和语言学。

融于自然,这是很重要的。我觉得,这还是研究语言和语言学的一条捷径。因为大自然的道理跟语言和语言学的道理是相通的。我们有时候就语言学看语言学,不一定看得清楚,拿大自然的道理来一类比,可能就清楚一些。反正我是从中得益不少。有人不同意,要把语言学的道理弄得跟大自然的道理不相通,把语言学的道理弄得复杂化,那有他的道理,完全可以自便。

要努力为人自然,看起来容易,其实很不容易。为人不怎么自然,很难融于自然。融于自然,还要逆于不自然,在不自然强大的时候你要逆于不自然,更不容易。

解决的办法,还有一个是不要武断。很多自己不是很清楚的问题,可以存疑,不要动不动给人家上纲上线,也不要说自己很清楚了。这样留个自己进一步认识的口子。你说得那么死,以后转弯子也比较难。可能是带骨肉,不是活猪,我认识不是很清楚,就说不是很清楚。不见得什么都要说得很清楚。明明不是很清楚,就说不很清楚,比说很清楚来得好。我们很多事情是一知半解的,应该允许一知半解。陶渊明有一篇文章叫《五柳先生传》,一般认为是陶渊明的自况之文,是实录。文章开头说:"先生不知何许人也,亦不详其姓字。宅边有五柳树,因以为号焉。闲静少言,不慕荣利。好读书,不求甚解;每有会意,便欣然忘食。"(北京大学中国文学史教研室选注《魏晋南北朝文学史参考资料》437页,中华书局,1962)罗根泽先生给我们讲过读书的方法,有一个方面是谈"不求甚解和不放过一字",意思是泛读和精读。不求甚解也是需要的。拿人来说,我们许多人对人的认识可能并不透彻,我们还是在做人。记得大概也是 20 世纪 60 年代初期,中国科学院举办文艺演出比赛,语言研究所还参加了个相声节目,说编词典的苦恼,举了"人"这个词,还真是不好释义。不甚解说不甚解,不好释义说不好释义,这不丢人。

　　不武断也不容易。你在那个位置上,说话再谦和,你说的话也有影响。所以,一方面尽量不武断,一方面还是要努力学习,要努力有比较全局的认识。

　　拿联系社会来说,改革开放以来,或者新中国成立以来,社会跟语言、语言学的函数关系需要进一步梳理。我们需要反思"文革"快发生时候的语言观,"文革"的时候也不怎么搞语言学了,那时候的语言观大体上是"文革"快发生时候的语言观。"文革"后期,又搞了些语言学,有语文教学,有编词典,那时候不少人的语言观很左。但是否定"文革"包括语言观,也不见得否定彻底了,"文革"之后的语言观也有需要反思的地方。例如,改革开放以来,我们的汉语到底有了哪些比较大的倾向性的变化,变化到哪一步了,有人做个哪怕是很粗的梳理也是需要的,没有这样的哪怕是很粗的梳理,总不是我们汉语言学界的光荣。这远远不是出一个成果,而是努力联系各个方面,对全局有个认识,是努力避免把带骨肉当成活猪。

　　带骨肉和活猪都是需要的,但是要避免把带骨肉当成活猪,也避免吃混毛猪。如果知道一点活猪又研究带骨肉,恐怕还是有利于研究的。

　　我们有一个许多方面结合的、亦此亦彼的认识,还是有好处的。例如,有一个基本的哲学观念,认为世界万物是个对立统一的矛盾物。世界万物既对立又统一,是亦此亦彼的。对立统一里的统一不等于一致,也不一定相等,而且是分层次的,对待事物的态度和方法也是分层次的。对立统一里的对立也不一定是水火不相容。低层次的对立可能是不相容,高层次的对立是可以相容的。对待事物的态度和方法,在低层次的时候可能是一个吃掉一个,不是你死就是我活,不共戴天;高层次的是可以互补的。如果我们自己是低层次的,我们也可能把高层次的差异,把百花齐放、百家争鸣,也当成不能并存的,一定要消灭一个方面,一定要取得共识,一定要纯。

又如,语言的不规范和规范度低的现象,是语言大家族里的重要成员。你完全排斥了、否定了它,你就否定了自己,你就否定了语言规范,你就否定了整个语言。这是基本的哲学观念。

又如,语言跟人、跟人的心理有密切的关系。我们有时候过于武断了,对不同的意见使劲堵,使劲压,反而加大了反弹的力量。如果你没有把对方压趴下,你使劲压对方,往往加大了对方的承受力,加大了对方的反抗力。所以,我们要认识对头,而且要做法对头,做法也是一种认识。特别是学术上,一定要重视以学术引导学术。你用别的非学术的办法,那就肯定不是引导,其中可能就有压或者别的。过去说:秀才遇见兵,有理说不清。这里的兵和秀才都是借代吧,不都是实指兵和秀才。一个是不讲理的有权有势的,一个是有理的无权无势的。不过,过去历史上把秀才压完、压绝的,也没有过。也不是说文人有什么了不起,而是许多文人跟文化跟学术摽上了。你能把文化把学术压趴下?还有,许多文人来自民间,从民间吸取营养和力量,为老百姓说话。你能把老百姓压趴下?我们看,不少文人被打成右派,或者在"文革"里面,跟老百姓在一起,受到了老百姓的保护。也不是所有的文人都跟文化、跟老百姓紧密相连的,如果不跟这两个方面紧密相连,这样的文人没有什么力量。就某个具体语言成分来说,使劲堵、使劲压,使它更容易充电,更容易反弹。堵和压,是它获得能量的一个来源。它原有的能量没有机会释放,又获得了能量。有的车轱辘现象、车轱辘论题就是这么造成的。所以,我们还是要重在建设的好,重在引导的好。

据说大禹的父亲鲧治水是用堵的办法,失败了。大禹治水改用疏导的办法,成功了。古代还有一种办法,不知道是不是也属于疏导,对内是要你下面的人斗,造成内耗,他上面才坐得稳。电视剧里经常说有这个情况。对外,有一种叫以夷制夷。还有后来建防风林,我小时候听老师说,那不完全是堵。一股风来了,碰到树林,有树一挡,它分成好多小股。例如,遇到一棵树,一股又分成两小股,绕过树过去,一股往这个方向绕,一股往相反方向绕,又碰到了一起,抵消了很多力量,也是以夷制夷吧。更好一点是怎么样的呢?2005年4月15日一早,烟台师院中文系的吕永进陪我和妻子去万松浦。一个上午,张炜的秘书王东超带我们把万松浦书院的每个地方都看到了。他还带我们去了附近的海边码头。书院外边临海,书院里面是绵延的林海。王东超说,现在已经形成自我调节的生态大环境了。他说,张炜常常在林中的路上一走个把小时。这时候我有了体会,更高层次的是"形成自我调节的生态大环境",人和树林、鸟,还有别的种种,和谐相处。我想,学术的高境界就是这样的。这样的高境界,不是堵出来的,是引导出来的。学术,要靠学术来引导。高层次的学术,要靠高层次的学术来引导。一是学术,二是引导。我们主要处在被学术引导位置上的人,都需要考虑这样的问题:我接受引导的是不是学术?我接受了引导之后学术上是不是在提高?尤其是我们主要处在学术领导位置上的人,都需要考虑这样的问题:我有多少学术?我的学术在不在发展?我在引导学术发展了吗?我在用学术引导学术发展吗?在我力所能及的范围里学术发展了吗?特别是学术上,一定要重视以学术引导学术。同样的道理,和谐,要靠和谐来引导。高层次的和谐,要靠高层次的和谐来引导。

还有一个认识问题:学术上不要那么多的共识。共识往往是常识。初级的教科书、法规、行动的决定,要讲"一起说"或者"一起做",学术上干吗也都要这样?初级的教学里还需要适当介绍不同的意见和最新的说法、做法,还介绍需要探讨的问题。有的行动上"一起做"还可以保留意见。"一起说"和"一起做"太泛了,会带来"乱说"和"乱做"。学术上的不同意见是高层次的,是新的生长点,其中一部分后来几乎成了常识的会成为共识。共识也是相对的。

我们要以学术引导学术,还要以和谐引导和谐。引导,就要站在前面做榜样。不能你不做而要别人做。和谐也是分层次的,分度的。学术上和相关方面如果用不许别人说不同意见的办法来达到和谐,这样的和谐层次、度不会高。

还有,我们不少人不重视、贬低的语言部分,没准儿是很重要的语言部分。例如,拟声词近几年来很多人注意了。耿二岭写过这方面的专著,我很佩服耿二岭这个人。我的朋友凌云最近还发表了一篇这方面的论文。人的语言是大自然里的一部分,拟声词尤其是人的语言里的大自然语言的一个显著部分。或者说,拟声词是大自然的语言在我们人类语言里的密码。我们可以这样着手:分析一下《现代汉语词典》里的拟声词,再分析一个实际使用单位里的情况,例如比较口语化的作品里的实际使用情况,这又跟语体有关系了。还可以注意拟声词的某些实际词性,例如比较"滴答滴答了半天""滴滴答答下个不停"。注意拟声词的色彩。注意拟声词的重叠,例如刚才说的两种情况,可能还有嵌里的。还有的是模式化了的,有的所拟的声就比较不固定,例如敲门,你可以规定敲几声,设定暗号,有的人还有个习惯,不然的话变化就比较大,敲门可以多几声可以少几声。你听那个说书的,形容那个马蹄声,这一次跟那一次很不一样。形容那个刮风的声音,可以是"呼——",也可以是"呜——",长短也变化多端,还有强弱拐弯。普通话怎么注音?注意拟声词的作用,例如有声有色,这里就要注意了,它表示了声,并没有表示色,我们往往声色连用,很可能我们具有声色密切联系的功能。比较几种语言的拟声词。我们说布谷鸟叫,可以是"布谷布谷",可以是"光棍好苦,裤子破了没人补",可以是"行不得也哥哥",这就已经有讲究了,我记得在契诃夫小说里读到的是"特里里里"。还有记录说是有些鸟叫还有方言的。还有拟声词也可能拟静,应该允许这样的创造,发现了这样的要特别注意。

还如感叹词。注意感叹词的发音跟实际音长以及体态的关系,例如开口的如何,闭口的如何,还有不同情况的感叹词跟某种体态的关系。注意方言里某些标志性的感叹词,例如,"咦——",使用的往往是河南人;"哎呦喂"说得夸张一些,往往是北京女子说的。注意感叹词的色彩,许多感叹词褒贬鲜明。还注意新感叹词,例如"耶——""哇噻"。还注意表现在感叹词里的文化要素,例如比较"妈呀""天哪"。

顺便再说一些值得研究的题目。例如,媒体语言的性质,语言研究里假设方法的地位及运用的原则,语言研究统计方法里人工干预的地位、类型和运用原则,语体跨界的情况和形成的原因,语境问题再探讨,语言自我调节的多种类型,论语言的惯性,流行语流行的内外部原因。还有一些题目不很大,但是也有价值,大概可以作为硕士论文的题目。例如,普通话吸收方言词语和吸收文言词语关系考察,《现代汉语词典》双音节偏正式词语考察,《现代汉语词典》双音节并列式词语考察。

跟中学语文老师谈谈
培养中学生语言能力的问题[*]

我 1998 年 10 月调到那时候叫北京广播学院应用语言学系做研究和教学工作,给好几批高中毕业刚进校的一年级大学生上过课。我觉得中学的语言能力教育同大学的要接得上,尤其是在思维方式和语言观的教育方面需要改进。

思维方式方面,许多中学生比较习惯形式逻辑思维。习惯老师上课列出大一、大二、小一、小二,还要画出教材里哪几句是重点,觉得这样有条理,好记笔记,也记得住。我还是多少迁就了这些学生的这个情况的,多少列了些大一、小一,讲起课来就不完全受这个限制了。有一个班的学生向班主任表示了对我的不满,说:"于老师怎么可以这么讲课呢?不像我们中学语文老师那样讲得条理清楚,我们记笔记也难。"班主任回答说:"你们现在不是中学生,是大学生了。大家,才这样讲课呢。"过了一些时候,许多学生喜欢我这样讲课了,他们又去跟这位班主任说了:"要是我们的中学语文老师也这样给我们上课,我们早就好了。"他们责怪他们中学的语文老师了。当然,我不是要求中学语文老师也像我在大学

---

[*] 2007 年 4 月 26 日在鹰潭职业技术学院的演讲。

里那样讲课，但是，我们中学语文教学在思维训练方面还是需要改进的。

　　世界运动的样式是多种多样的，我们思维的方式也应该是多种多样的。《鲁智深大闹野猪林》写林冲和鲁智深分手后，林冲怎样怎样。到了野猪林，公差要杀害林冲了，鲁智深出来了。鲁智深这时候才说他跟林冲分手后怎样怎样。写林冲是明线，鲁智深后来说的是暗线。两条线是平行的。到了野猪林，一明一暗的两条线碰上了。《威尼斯商人》也有这个情况。王蒙的《杂色》不同，围绕着主人公和马的行踪一条条线发出去收回来，那是发散型的。王蒙的许多小说里还有意识流，还有别的复杂的东西。中学生应该多一些发散性思维、灵感思维和别的思维。

　　他们起初习惯逻辑思维，不习惯发散性思维和灵感思维。实际上他们的抽象思维也不太行，层次比较低。我让学生做联想的练习，例如由"冬天"你会想到什么词，由"曲线"你会想到什么词。不少学生联想的层次不够高，他们联想具象物比较容易，由"曲线"联想到"人生、历史"的是佼佼者。联想的速度也比较慢。有人说：中国人的形象思维比较发达，西方人的逻辑思维比较发达。我看不见得。形象思维如果发达，逻辑思维也不应该太差呀。西方人如果形象思维不太行，他们的艺术水平怎么会那么高呢？

　　还有，不少人想提高学生即兴口语表达的水平，想了一些练习的方法，例如成语接龙，三个词连成一个故事。好像有点效果，也好像效果不大。成语接龙好的人，他的即兴口语表达就好？好像也不见得。一方面要看效果，一方面我们总还要连带着考虑这样练习的一些理论根据吧。搞不好成了相互掐或者耍嘴皮子，忽略了语言实际的功能主要是相互攀升，忽略了语言交际能力主要要在实际的语言交际中培养。具体事例很多。学生这方面好的差的具体事例都很多。

我想,语言交际能力,总要在实际的语言交际中培养吧。模拟也要尽量靠近真实的语言交际。分解部件的练习也是需要的,但是总的还是以实际的语言交际的练习为主。

语言创造性很重要。语言能力,包括语言创造能力,是与生俱来的。前人的语言能力,在新生的孩子的脑子里已经积淀了。我们只是唤醒它们。说劳动创造语言,这是语言的一个起源,不只是这一个起源,同时有几个起源。就拿劳动创造语言来说,那是指人类之初。现在的孩子一般一岁左右就开始说话了,他劳什么动了?我们老师的责任,是唤醒语言,还帮助他们用好与生俱来的语言能力自动升级的程序。

不少中学生概括能力也不太够,常常以偏概全。思维的速度也慢。

不少中学生创造性思维不够,因此,语言创新能力也不够,套话不少。有一次我上课,二级学院学生会来布置换届竞选的事。学生会的人走了之后,我跟同学说:"自我介绍的时候,你们可别说什么'给我一个机会,还你一个惊喜'。"同学们笑了。再下一次课,我问他们说那句话了吗,他们说没有说,又说别的班同学说了。

顺便说一下,我在中学的时候,上语文课主要是记笔记。一堂课下来,老师说的大一、大二、小一、小二,我笔记上记得很清楚,后来心里也记得很清楚。这个本事保持了很长时间。到了大学里,有同学没有来上课,抄我的笔记,我的笔记记得全。后来工作了,开会,也常常叫我做记录。我们大学里有许多老师很提倡适当来点发散性思维、灵感思维。有一位老师做讲座,看起来东拉西扯,可是闪光点特别多,新见特别多。说到细节或者例子,那本身也很精到。大家很爱听,被他的思想深深吸引了,随他的思路走了,也不记什么大一、大二、小一、小二了。末了,他拉回来,原来他说的都有一个中心,都有一个主题,一点也不散。这时候,你会一下子醒悟了:原来他在这儿等着你呢。

后来我做讲座,也喜欢这样,有个中心,东拉西扯,实际上是四处发散,最后拉回来,又提升一下。目的是你认识上有所得就行。我的目的不是要你把我的话记下来。我才不管你笔记好记不好记呢。你会记笔记,也不见得能成为善于创新的人才。我上课也有这个味道。

再说,我长期做记录,我知道做记录是很辛苦的。我讲课看到有的学生拼命记笔记,就会提醒他不要记那么多,记几句你认为有意思的话就够了。你又不是传声筒,不用那样一字一句地记。你有了体会,可以用你自己的话说。不仅如此,你还要会创新,会发展。

语言观方面,大一的一个班里总有个把学生对语言的认识相当不对头。例如一概否定广告的成语谐音改字,认为成语是不能动的,一动就是破坏古代文化。还有批判"W世代",说一用了W世代,就会用A世代、B世代、C世代、D世代、E世代,体现我们祖国文化的汉字还有用吗?这里还有思想方法问题。我们有的学者就常常用"假若如此,发展下去,天下大乱"的方法来论证一些语言使用问题。碰到这样的情况,我很为难,一般请他们自己考虑,我也不批评。我想,他们这些想法是他们高中时候批发过来的。

比较多的同学是认识不够辩证,缺乏度的认识。例如,关于"恢复疲劳"的说法是否规范的认识,要么说是规范的,要么说是不规范的,缺乏中介的认识。还有,关于是非问句和选择问句的回答,往往根据一些书上的简单的要求来回答,忽略了生活里丰富多样的实际情况。对新的好的语言现象也不太关注,举不出多少实际例子出来。

后来我有机会跟一些中学老师讨论了这些问题。今天来的同学,大部分是未来的中学老师,今天来的老师,是这些未来中学老师的老师,所以,我今天也是跟大家进一步讨论这些问题。

这里要说明的是,我不同意我们的学生语文素质全面下降的说法。这种说法自"五四"以来就源源不绝于耳,提出的解决办法往往是复古——用古代的语文教学方法,或者是多读古文,或者是两者兼用。还有径直说苏东坡的词如何如何好,你现在写不出来吧?你语文素质和水平不行了吧?汉语到了危急的时刻了吧?

从"五四"白话文运动以后,老有人说这个话。那会让人联想一个问题:是不是使用白话文,语文素质就下降了?多读古文,语文素质就会上去?说这些话,原因是各种各样的,不过,其中或许会有人有意无意也涉及对"五四"白话文运动的基本评价。因为有的这样的文章好像同时扬古文而抑白话。我们的态度,一要向文言吸取营养,二要正确认识语文水平,三要避免复古。

看一看小学课本。现在的小学数学相当于原来的初中数学了,小学语文也比原来难了。现在的课本难度增大了,加深了。我的外孙刚读小学一年级的时候,我看他的语文课本,觉得挺深的,至少这方面没有滑坡啊。后来同一位大学搞这一行的老师谈起来,她用行话来说明比前些年又加深了。所以,看问题要调查研究。

有些学生的语文素质的确不够好。不够好的原因到底是什么?是不是我们过分注重英语了?有人说,英语四六级这么搞,汉语不滑坡才怪呢。可是搞四六级只有十多年,那十多年前呢?以前不也说语文素质下降了吗?现在国家规定四六级要控制在严格范围内,是不是这样汉语就上去了?台湾有四六级吗?怎么台湾也有人说下降了?

我从大一的学生看中学生,觉得他们总体是很不错的。他们总体比较率真,可塑性强。你用个比较好的办法在语文方面教他们一些很高水平的东西,他们也接受得了。我布置2005级大一的学生写两篇语言应用方面的调查报告。他们后来跟我说,他们起初一听,"吓死了";他们后来一做,还做得挺好。他们进一步认识了自己,对自己更有了信心。我常常到高校做讲座,我比较喜欢跟大学生谈,他们活跃,很灵,反应快,好跟你呼应,你的包袱抖得开。有时候跟更大一些的人讲,挺好的一个包袱抖不开,可能他们比较老成,比较内向,有什么想法不肯轻易表露出来。我联想到说相声和当主持人,连着一两个很好的包袱抖不开,说得也没有劲了。大学生他们敢提问题,提的问题也是很有意思的,我常常收集他们提的问题。

  我觉得我们许多中学语文老师也是很不简单的。我至今很崇敬我上海五四中学高中的语文老师刘田生。我今天也算一个还行的语言学家了吧,我的高中语文老师给了我很关键、很深远的影响,这也是中学语文老师的一个成绩吧。我给中学语文老师做过讲座,他们是很希望、很重视提高的。因为他们在第一线,做出了很多成绩,他们又深深感到力不从心,迫切要求提高,千方百计在提高。

  还有,我们说语言有个调节功能,实际上是语言使用者、语言教育者都有调节功能。例如说语文课要上成什么课,提法上、示范方面某个时候有些偏差,但是许多好的语文老师并不听那一套,按规律上课。我很佩服他们。所以,我们一方面要关注一些提法,更重要的是关注事实,重在建设。我们如果也拿出好的教材来,也提出好的教学思路来,许多方面也是欢迎和接受的。

  怎么培养中学生的语言能力?我的认识是不能都头疼医头、脚疼医脚。中学生语言能力不够,这是现象,造成这个现象有它的条件,要改变这个现象,应该改变它的条件。有时候有的家长说他的孩子不爱学习,问我怎么办。我说,你把你自己管好了,你爱学习了,你的孩子一般就爱学习了。还有,条件不一定是单一的,有

跟中学语文老师谈谈培养中学生语言能力的问题

的条件后面还有条件。

中学语文老师对于中学生的语文教学,毕竟是很重要的。我们的中学语文老师自己要进一步提高,还要自己进一步消化和帮助中学生消化一些不好的影响。影响不可能都是好的,我们也不能保证给学生的影响都是好的。都是好的恐怕也不好。他们受到一些不好的影响,会消化,比绝对不受不好的影响来得好。

现在中学生语文方面的不够,往往是中学语文老师这些方面的不够。例如,中学生关注新的好的语言现象不够,语言创新方面不够,我们的中学语文老师就要反躬自问:我们自己怎么样?我们自己设身处地想一想,如果你努力创新,你的长辈、上级不理解、不支持,甚至批你一顿,你下一次还敢创新吗?是你天生不愿意创新吗?不是,是你创新没有得到鼓励而且吃了亏。今天的中学生也会这样。我们老师进一步还要认识关注新的好的语言现象的意义。还有,要进一步认识什么是衡量语言规范的标准,语言到底是用来干什么的,语言规范是干什么的。再进一步,是探讨如何培养中学生的语言创新能力。我们中学语文老师就要在语言表达方面做好示范,把话说好,把文章写好,注意摒弃套话甚至个别人的脏话。

语文老师对学生学好语文的影响是非常大的。我很幸运,我初中和高中的语文老师都是很优秀的,他们重视创新,也保护和鼓励我创新。这对我的思想方法甚至世界观的影响很深刻。其实,我们的中学教育也要培养学生的创造性。不然的话,学生刚到大学会不适应,他们的中学教育收获也不会大。

我在上海人文初级中学念的初中。那是个不怎么样的初中,但是有不少好老师。我记得教我们历史的朱国璋老师,上课的时候常常引述《历史研究》还是《历史学刊》上的见解。我们还是十二三岁的孩子,老师很尊重我们,给我们说前沿的不同的学术见解。

高中更是这样了。我在上海五四中学念的高中。那是很有名的中学。我在1958届6班。班上的同学聪明极了，多才多艺。整个学校很活跃。电影《雾都孤儿》里的小女孩，是我们同学配的音。电影《街道足球队》，有我们的同学当演员。说相声，我们同学在市里拿奖，在电台里演出。篮球，在市里警备队、交通大学都参加的比赛里得前几名。

老师也鼓励我们创新。我记忆深刻的有这样两件事。

一件是1955年，我刚上高一。语文老师准备讲《小二黑结婚》，要一个同学先创造性地讲一下课文。老师叫我讲。我离开课本，讲得很生动，同学们听了前仰后合。结果，老师给了我90分。那时候像这样的考核我们几乎都是拿100分的。同学们对给90分很惊诧，我也惊诧。老师说"创造性不够"。老师给我们做了个简要的示范，课文时空大变位。我听了真是服了。后来，我总努力说得跟课本上的、老师说的不同，努力有创造性。

还有一件事是在高二的地理课上。老师要我回答问题。我又努力说得有创造性。老师先不给分，要同学们评论一下。同学们争论开了。结果，老师充分肯定了我的创造性，给了我高分。我努力创造了，老师看得出来，他们很高明，他们保护和鼓励我的创造。

还算好的老师，经常说："我们给学生一碗水，我们自己要有一缸水。"你那是什么水呢？是活水吗？如果是新鲜的水，你一碗一碗地给，你那一缸水会不会给空？我们老师要在宽广的活水里，而且努力给水增加活力。

好的老师应该是怎么样的呢？

一个好的老师给学生许多知识。一个更好的老师同时给学生知识宝库和打开知识宝库的钥匙。一个更更好的老师能帮助学生自己找到知识宝库，并且会锻造打开知识宝库的钥匙。一个更更更好的老师能帮助学生会吸取、提炼前人的宝藏，而且为世界增添宝藏。

　　语文课上是精读,我课外阅读的量很大,总有语文课本的上千倍吧。世界名著、中国名著几乎都读过了。读得很快。我还担任班上的工作,家里的条件也不算好,可是各门课的成绩都不错,语文更好。我到处找书看。也看了不少不是经典的书,也不至于就受到坏的影响了,好像还有好的影响。我生活在老百姓里面,我尊重老百姓喜欢的说唱文学和街头文艺。我在老师布置的作文之外写了许多作文,或者给班上的墙报,或者请同学提意见。高中的时候开始记日记,有一个内容是我读的书、看的电影的主要内容和我的看法,当然是不打草稿的。我还参加上海青年宫举办的文学讲座,免费的,还发铅印讲稿。我听过许杰、顾仲彝、蒋孔阳、赵景深等一大批大作家、大文学理论家的讲座。

　　还有,中学语文老师很有条件检验和发展语文方面的许多提法。你要说得中学生明白,那是很不容易的,首先要你老师自己明白,还要让中学生明白。如果中学生不明白,甚至我们老师都不很明白,有可能不是我们水平低,有可能是那个说了很久的提法有问题。

　　例如,近些年来我在想这样几个问题。一个是体态语,说是补充、加强语言表达的不足,我说对方不看你、不需要看你、看不到你,你为什么说话还有体态呢?例如,你打电话的时候手舞足蹈、挤眉弄眼干什么?你自言自语甚至思考问题时不用体态试试?可见体态同时还是说话者自身的需要。

　　一个是拟声词,我觉得里面有个密码,那里面有一些是大自然的语言。说书、说故事那样有声语言里的拟声词,有的在语音等方面是比较自由的,跟词典里注的音不尽一致。说刮风,说"呜"还是说"呼",说一个"呼"两个"呼"还是三个"呼",音长一点短一点,也比较自由。

还有一个是比喻,一般喻体一个说法,本体另外一个说法。我想,"胆子大""胆量大"里的"胆子""胆量",是喻体还是本体呢?"胆寒、胆力、胆怯、胆壮、胆小鬼、胆大包天、胆大妄为、胆小如鼠、胆战心惊、提心吊胆、丧胆"里的"胆"都有这个问题。类似的如"脾气、脾气大、脾气好、脾气不好、发脾气、没脾气、脾气见长""放心、放下心、放一百个心、把心放到肚子里、安心、心胸宽广、心胸狭窄",也都有这个问题。这方面的问题很多很多。我们中学语文老师思考这些问题,也可以带动中学生思考这些问题。

中学生学好语文,责任不都在中学语文老师。中学生学习语文也不仅仅是从中学语文老师那儿学的。拿老师来说,有个广义的老师。凡是跟中学生学习语文有关的人,都有一定的责任,只不过责任有大有小。我们大学语言学老师和语言研究者的责任就很大。因为,中学语文老师是大学培养出来的。中学老师还要继续受教育,他们搞研究也有许多困难,需要我们帮助。大学语言学方面的硕士生、博士生,甚至语言学方面的老师,甚至我们一些语言学家,自己在思维方式和语言观方面不是也有许多需要改进的吗?

首先有个问题:怎样估价学生,也是怎样估价自己。我跟几个博士生一起聊天,回忆自己小时候怎么淘气,怎么爬墙头、爬树、爬屋顶,怎么做各种游戏。有个女博士生说:"我小时候还干过那个坏事呢,偷人家树上没有熟的桃子。"大家说得兴高采烈,得意忘形。不光是我们小时候淘气,许多大学问家小时候大概都淘气。鲁迅的小说《社戏》里或许说的是他自己跟小伙伴偷人家的罗汉豆呢:

"阿阿,阿发,这边是你家的,这边是老六一家的,我们偷那一边的呢?"双喜先跳下去了,在岸上说。

跟中学语文老师谈谈培养中学生语言能力的问题

　　我们也都跳上岸。阿发一面跳,一面说道,"且慢,让我来看一看罢,"他于是往来的摸了一回,直起身来说道,"偷我们的罢,我们的大得多呢。"一声答应,大家便散开在阿发家的豆田里,各摘了一大捧,抛入船舱中。双喜以为再多偷,倘给阿发的娘知道是要哭骂的,于是各人便到六一公公的田里又各偷了一大捧。(《鲁迅全集(第一卷)·呐喊·社戏》567页,人民文学出版社,1982)

　　我跟我的博士生起劲地谈着。过了一会儿,大家又说:我们小时候真笨,那时候穷,没有什么玩具,眼界太狭窄,现在的孩子强多了。是啊,这样,我们就不会当九斤老太,就不会把孩子都扭成病梅。我们就不至于还用无形的三寸金莲来束缚自己、束缚别人、束缚学生。当然,现在不少孩子的游戏或者淘气,在跟大自然的接触和原创性方面似乎有些不如我们小时候。

　　还有一个认识关系和把握分寸的问题。语言学是从哲学里分化出来的。起初语言学不独立,是哲学的婢女,那是因为语言学本身弱小。后来独立了,又自我膨胀,跟哲学割裂开了,还是因为语言学弱小。今天我们的语言学一定程度上要回归哲学,跟哲学的关系是既结合又不混合,语言学既独立又不跟哲学割裂。还有,我们语言学发展的一个重要的历史经验,是语言学者有很强的社会责任心,努力使语言学满足和引导社会各方面的需要。一个很重要的历史教训,是忽略了语言学为社会服务的特点和个性,也就是内部规律。说是那么说,要实际上认识关系和把握分寸是很不容易的。当中有个交界的部分。大体上分清楚两者的不同,交界的部分就不要分得那么细了。似乎有人说要把语文课上成政治课、文学课、文化课,那是不对的。但是,语文课多少也承担了一些政治教育、文学教育和文化教育的任务。别的课不是语文课,也多少承担了语文教育的任务。还有课外,也是很重要的。课外读书,看电视,上网,是中学生学习语文的重要途径。我们中学语文老师要参加、关心这些活动,帮助高中生趋其利减其弊,充分用它有利的方面,消化它不利的方面。不要过于担心它们的弊。我们还是设身处地想一想,我小时候读过许多不是经典的书,没有变坏,挺好的,今天的学生受的革命教育比我们那时候多得多,反而会不如我们小时候?

"五四"白话文运动之后好长时间了,似乎舆论还在禁止起码是中学生读早期白话写的《红楼梦》《水浒传》,说是:红楼诲淫,水浒诲盗。用现在的话来说,那些书会误导学生。《红楼梦》里说到,那时候女孩子读《西厢记》也被不少人认为会受误导。新中国成立不久,我在上海读小学,记得老师就说过一件事,说某某学校六个孩子出家习武去了,是被武侠小说唆使的。"文革"结束不久,刘心武的《班主任》震动人心,里面一位团支书没有读过《牛虻》,还指责另外一位学生读《牛虻》是读坏书。日本电影《望乡》在中国上映,也有不少人要求禁演。后来巴金说,大概意思是,旧社会的上海都出了许多革命青年,现在我们的青年看看《望乡》难道就会变坏了?现在一些人经常举出不少事情来说是误导学生,误导青年。现在的学生和青年是不是那样傻,那样容易受误导,这需要讨论。我觉得,现在的学生和青年不同于过去的学生和青年。学生既不要受过多的误导,又不要在温室里培养,总要让他们适度经经风雨,这个适度是要认真调查研究的,也是要做许多试验的。我们做家长的怕学生受了坏的影响,但是也不愿意学生没有一点防疫、识别、创新能力吧。要不然的话,他们怎么担当什么接班人的重任呢?其实温室又在哪里呢?学校难道真的是温室吗?小学生里乱七八糟的事情也不少。我们做家长的就一点也没有污染孩子?我们受到的教育都是正导?我们怕孩子受误导,没准儿我们自己受过误导,现在却是在误导孩子呢。我们做家长的不担心这些吗?

我们以前说,带孩子去看电影,孩子不停地问,那个是好人还是坏人?现在这样的提问少了。你问孩子某某地方的人是好人还是坏人,我想几乎所有的孩子都会说有好人有坏人。这些孩子的辩证法比我们许多人当孩子的时候好得多了。你看看电视"星光大道"里参赛的几个五六岁的孩子,姑且不说他们的才艺如何了得,就是他们那伶牙俐齿,那脑子灵活,也实在了得。"超级女声"比赛,我比较关注艾梦萌。她的路一直不很顺当,但是她老是那样在甜蜜地微笑,她跟她竞争的姐妹们是那样出自内心的友爱。尤其是四进三的时候她出局的那一场,她的风度、气质真是感人。我们好多好多年纪比她大的人真的不如她呢。许多学生起初对自己的能力也不很清楚,有个认识的过程,我们对自己孩子的能力打一开始就很清楚吗?今年暑假一开始,我教我的快八岁的外孙学五子棋和象棋,这是锻炼他的思维能力。后来外孙去山西他爷爷奶奶那里。回北京之后,我问外孙棋艺有没有进步,他说他爷爷给了他一本棋谱,他可以看棋谱了。我下五子棋的水平很高,现在跟外孙下,要集中精力,一不小心会输了。我们恐怕不能小看孩子和孩子学习的能力,我们希望并且努力使孩子超过我们。我们特别希望所有的孩子都超过我们。

还有,许多前辈要我们学习曾子每天"三省吾身",意思是要经常自我检讨。许多人说是那么说,要我们也那么做,不知道他们自己是不是真的那样做了。"文革"中,军宣队在我们当时中国科学院语言研究所经常说的一句话是:"优点不说跑不了,问题不说不得了。"意思是,可以不表扬,一定要批评。那时候的确几乎都是批评。很多人那时候多次写检查。直到现在,报纸上还举例说小学生的检查里有许多网络词语。意思是批评网络词语的,无意中说到现如今我们还叫不在少数的小学生写检查。前几天的一个电视节目里批评说某个公司承揽给部门写各种检查。代写检查都当作一个产业了,可见得需要写检查的部门不是个别的。

"文革"之后,有不少人说需要鼓励和表扬。我的朋友黄岳洲的一篇文章还说善于鼓励学生是大恩大德的事。语言交际里还教鼓励自己和别人的若干技巧。

还是有人事实上觉得应该以批评和自我批评为主。但是,不少人述职、述聘、竞聘或者自我推荐的材料里还是以自我表扬为主的。就批评和鼓励、表扬来说,我认为一般情况下还是多鼓励、多表扬的好。

我们中学语文老师,既要鼓励中学生创新,又要教会他们善于保护自己,语言使用上善于讲策略,善于处理创新、新颖和迎合的冲突。社会是复杂的,也不是时时处处人人都会理解、支持、鼓励你创新的。我们的中学生也不能简单化、处处赤膊上阵。这一点虽然很难,但也是很重要的。

有一个材料的标题是《教育部称高考作文未封杀网络语言》(《北京晨报》2007年3月23日),是这样说的:

> **晨报讯(记者代小琳)** 近日有媒体报道说,2007年高考作文中,学生使用网络语言将遭到封杀,会被扣分。记者从教育部了解到,这一说法并不确切。
>
> 教育部考试中心有关人士表示,2007年普通高校全国统一语文大纲中,没有明文规定高考作文不能使用网络语言,而是要求作文语言通顺,用词贴切,文句有表现力。
>
> 部分语文教师认为,虽然考试大纲里没有做出不能使用网络语言的硬性规定,但还是尽量不要在高考作文中使用网络语言,这样容易造成歧义。由于部分高考阅卷老师年龄偏大,对网络语言并不熟悉,可能会影响对学生文章的理解。因此,在

高考作文时使用网络语言写作，拿到高分的可能性较小。

这里可能涉及的不仅仅是网络语言的问题。我高考之前，我们的语文老师和别的老师，很鼓励我们创新，我们也是那样做的。我高三的时候，还是高一的那位老师上语文课。我语文学得特别好，老师提难答的题才叫我。老师叫我回答元杂剧产生的原因。我又创造性地回答了。老师说回答得很好，但是他又说高考的时候不要这样回答，高考不要标新立异。他又做了示范，第一什么第二什么，完全是八股调。后来我知道了，不是什么时候都需要你创新的，不是什么人都知道你是在创新的，不是什么时候什么人都保护和鼓励你创新的，碰到需要你创新的时候你创新，不要你创新的时候你也得会说八股。不过，我能不说八股的时候不说八股。我经常采用这样的方式：形式上像老一套，骨子里有许多创新。

我很理解我的语文老师的良苦用心，我也很理解今天"部分语文教师"的良苦用心。我在中学、大学、工作中受到的创新教育，对我的影响很大。可是我也遇到、见到许多不懂创新、叫你不要创新、压制创新的情况，这也不仅仅是高考作文的事。例如，《文汇报》开展"语言应当如何发展"的讨论。一家杂志社的老编辑对时下各种各样的新名词新说法发出了看不懂的感慨，引出了这个话题。《文汇报》1999年12月17日、22日、23日、28日报道了讨论的意见。29日在北京邀请了首都部分语言学家讨论，30日报道了讨论的情况和许嘉璐的意见，2000年1月6日报道了其他专家的意见。

我还听到这样一件事：一个广告人，说他不久会拿出一个很好的广告语来。过了一段时间，有个朋友问他这件事，他感叹地说不行了，那个广告语上面不赏识，没有通过。我听一个广告公司的朋友说，他们为客户创作了几条广告语，客户往往选中档的。

还有的作者投了很好的稿件,被有的编辑部退稿甚至批判得一塌糊涂。我想,如果我还主编一个语言学及应用语言学的杂志,就在"投稿须知"里写上一条:"你投过的稿子编辑部说质量不好被退回了,你愿意的话再投给我们看看。"

我们指导学生写学位论文,我们和学生常常会考虑一件事:谁当开题的、评审的、答辩的评委?他的思想解放不解放?他鼓励不鼓励创新?

总的来说,我的做法是不太新的形式下面来些内容的创新。没有办法的时候适度迁就一下,在人屋檐下嘛,受人管嘛。对我的要求太离谱了,太外行了,太霸道了,或者我不在乎了,无所谓了,我走了,我不跟你玩了,拜拜了您哪,你奈我何?

对中学生来说,这是个麻烦事。你们现在也受受锻炼吧。你们以后甚至当教授了也会碰到这个问题。你们到了十年媳妇熬成婆的时候,你们可得理解、鼓励年轻人的哪怕些微的在创新方面的努力啊。

中学生学好语文的因素是很多的,中学语文老师教好中学生语文的因素也是很多的。微观的因素更多。但是,不首先讨论宏观的问题,只是从微观入手可能效果有限。当然,还有更宏观的问题,例如发展教育的大问题,发展我国学术的大问题。还有正确地、公正公平公开地、实事求是地评估教育和学术的问题。还有怎样真正体现"以学术引导学术"的问题。这些问题更大,解决起来更麻烦,会涉及许多人的许多利害的大问题。我们这里谈的或许是中观的问题。也可能是说说而已,没有什么用处。也可能会由此触动一些微观的和宏观的问题。也可能是今天话摆在这儿,过若干时候会有一些什么样的用处。

关于语言机制的若干假设*

一、思考的缘由和参照

（一）脑子里的语言器官恐怕不完全是黑匣子，最多是个灰匣子。我们还是可以从人们使用语言的情况知道一些它的情况，做一些假设，也可以进行一定的练习。不要一谈到语言机制的运作就一定认为是黑匣子，就一定是不可知的。

孟子说：心是管思考的。我们不少人说过，心也是个管思考的系统。

上海古籍出版社1979年出版了铸雪斋抄本蒲松龄《聊斋志异》，上册《陆判》说：读书人朱尔旦性豪放，不够聪明。一天，文社里大家喝酒，有人开玩笑说：你很豪爽，能不能深夜里把十王殿的判官背过来？如果背了来，我们大家再请你喝酒。那里十王殿的木雕判官形状是很可怕的。朱尔旦果然背了来。大家见了很害怕，又叫他赶紧背回去。他背回去的时候对陆判说：我们什么时候高兴了，一起喝酒啊。第二天，大家果然请朱尔旦喝酒。他喝了酒，半醉，还不过瘾，回到家一个人挑灯又喝。这时候，陆判现身来跟他喝

---

* 2007年11月22日在中国传媒大学"语言学前沿"博士生课上的演讲。

酒了。后来,陆判三两天来一次,两人感情越来越好,有时候还在一起睡。朱尔旦有时候拿自己的文稿给陆判看,陆判都说不好。

  一夜,朱醉先寝,陆犹自酌。忽醉梦中,脏腹微痛。醒而视之,则陆危坐床前,破腔出肠胃,条条整理。愕曰:"夙无仇怨,何以见杀?"陆笑云:"勿惧!我与君易慧心耳。"从容纳肠已,复合之,末以裹足布束朱腰。作用毕,视榻上亦无血迹,腹间觉少麻木。见陆置肉块几上,问之。曰:"此君心也。作文不快,知君之毛窍塞耳。适在冥间,于千万心中,拣得佳者一枚,为君易之,留此以补缺数。"乃起,掩扉去。天明解视,则创缝已合,有线而赤者存焉。自是文思大进,过眼不忘。(59页)

或许蒲松龄也以为心可以管思考等。
还有一个材料,说是大科学家的脑重等没有什么特别:

  为爱因斯坦做尸检的是普林斯顿医院42岁的医生哈维。他对爱因斯坦仰慕已久,认定研究他的大脑能解开天才的秘密。抓住这个千载难逢的机会,征得爱因斯坦长子汉斯的同意,他在尸检时完整地取出了爱因斯坦的大脑并悄悄带回家中,在防腐药水中浸泡之后又用树脂固化,再切成240多片,不仅自己研究,还提供给别人研究。42年后,行将去世的84岁高龄的哈维才将脑切片送还普林斯顿大学。
  肯定是害怕大师在天堂问罪于己,在送还普林斯顿大学之前,哈维于1997年10月携大脑切片做了一次横贯美国的旅行,因为爱因斯坦病中曾对哈维说过,他想做一次横贯美国东西的旅行。
  哈维到死都不知道,他的这次旅行惊动了联邦调查局。

胡佛已去世多年,可联邦调查局仍然对爱因斯坦放心不下。哈维从东到西走了 4000 公里,联邦调查局就跟了他 4000 公里。

然而,哈维的研究令所有人大失所望:爱因斯坦的大脑,从表面皮层的面积、结构和脑重量来看,和普通人毫无二致。他的脑重只有 1230 克,甚至还略低于成年男性的平均值——也就是说,比我的脑重都低,远落后于俄国著名作家屠格涅夫,后者的大脑重为 2012 克,大大超出人类平均值。

爱因斯坦的脑重雄辩地证明了他的有一说一:

他是跟我们一样的人。(虎头《我的爱因斯坦》,《当代》2006 年第 2 期 221 页)

1997 年 4 月 21 日,我们在湖南师大举行了《中国古代语言哲学》的对话,秦旭卿说过"言为心声"之后,我说:"有人以为古人不知道思想器官是大脑,我想古人恐怕是知道的,'言为心声'的心,我想是指本我、真我。"接下来彭泽润说很赞成。(《语言哲学对话》260 页,语文出版社,1999)

我们汉语里关于用心想事的说法很多。例如:"心事重重、心想事成、心知肚明、心里明白嘴上说不出来、眉头一皱计上心来"。相关的还有"心态、心情、心绪"等。播音里说有一种共鸣主要在心口,那时候,说的人和听的人觉得话是从心里流出来的。许多外语里也有用心来想事情的说法。

汉语里还有说用肚子想事情的。例如上面的"心知肚明",还有"花花肠子、肚子里有学问"。外国也有这类说法。德国有句流行的俏皮话:"在肚子里选择最佳方案和作出最佳决定。"2000 年 11 月 7 日《光明日报》有个报道《科学家研究人类的第二大脑》,说是越来越多的科学家认为,人类除了大脑之外还有"第二大脑",那就是肚子。11号德国《地球》杂志报道说：一些科学家认为，肚子里有一个非常复杂的神经网络，它拥有大约1000亿个神经细胞，比骨髓里的细胞还多。有科学家认为，通过观察，人的肚子能够了解人的思想，也就是说"人的决定是从肚子里作出的"。报道说，人体的神经传递物质——血清基95%都是产生于腹部的"第二大脑"，这套神经系统能下意识地储存身体对所有心理过程的反应，而且每当需要的时候就能将这些信息调出并向大脑传递，这也许会影响到一个人的理性决定。

这里需要注意两点。一是说"传递物质"，这个管思考的系统，可能还是可以流动的，至少功能是流动状的。二是末了一句说，这也许会影响到一个人的理性决定可能指我们人至少另外有一个做出决定的系统，而肚子这个想事情的系统也许会影响那个系统。

（二）我们常常会遇到这样的情况，心里想的和嘴里说出来的不一样，甚至相反，还不是口是心非，也不完全是口误。似乎是一个管心里想的，还有一个管嘴上说的。这样的例子很多。

（三）有一种说法大概是从外国来的，说一个人要说话之前先有一团意思，然后进一步有了词汇，这之前都是内部语言。然后加上语音说出来，成了外部语言。这里有个问题，内部语言的词汇是没有语音的吗？没有语音算词吗？内部思考的语言是没有语音的吗？没有语音算语言吗？有人以为他听得到才算有语音。我们还可以做个试验，你心里想一个词或者一句话，不要出声，你感觉一下，你的发音器官运动吗？有人说他的发音器官不运动。我说他可以得诺贝尔奖了。有人醒着想事情会自言自语，有人睡了会说梦话，那都是内部语言的声音发出来了。我们现在主要还不是讨论这个问题，要讨论的是，有一点是我们很多人的体会，起初的确是一团意思，即使里面有一些词语，也没有完全形成后来说的成句成篇的话。所以，说话和写作还是进一步理清思想。这一团意思,可能是"语结"。语结也是语言。语结是分层次的,起初是一团意思,后来就比较清晰了。语结像是思想和语言表述的种子,又是思想和语言表述这个脉络里的重要的关键的联结点。於春的硕士论文是研究语结的。她后来整理成一本书,2006 年 1 月在中国经济出版社出版,叫《论语结——有效提高语言实践能力》,详细讨论了语结的作用、类型、孕育、回归、应用与实践。

还有人说"以情带声",这个情是什么呢?还有说十分情八分声的,道理是什么?怎么掌握呢?情里有没有语言呢?如果有语言,就很难说是以情带声,而是以一种语言带另一种语言了。我们把前面一种语言叫作程序语言,后来叫整体设计语言。陈晓宁的硕士论文是研究这个的。她后来也整理成一本书,2005 年 1 月在中国经济出版社出版,叫《论整体设计语言》,正文有七个部分:整体设计语言概说,语结、语脉、语篇和整体设计语言,整体设计语言对语篇色彩和内容的管控,整体设计语言的性质,整体设计语言的类型及特点,整体设计语言的设计原则和要求,整体设计语言的实施原则与要求。

语结大体管总的说什么,整体设计语言大体管总的怎么说。具体说起来,还有个脉络,那叫语脉。陈晓宁这本书里讨论到了"语结、语脉、语篇和整体设计语言"。於春的博士论文《现代汉语新闻图式研究》,就是从一个方面研究语脉的。

(四)古书里说,有声语言不是最高级的,人用有声语言表达不了更高的感情的时候,会嗟叹,会手舞足蹈。音乐比有声语言表达的层次要高,绘画、舞蹈也是。音乐、舞蹈、绘画都是艺术,艺术是表达情绪的,类似于某些那一团意思。我们可以用有声语言来解释音乐、舞蹈、绘画,但一般会逊色。有点像名可名。所以,那一团意思的层次不一定比后来演绎成的成篇的话或者长篇大论的层次低。有时候实际交际里的翻译,没办法,只能降低层次。

（五）老子《道德经》一开头就说："道可道，非常道。名可名，非常名。"佛家有的说"言语道断"。禅宗六祖慧能更主张不立文字。据说六祖不识字。2007年8月10日在新浪网上读到《南方周末》刊登的旅美华人刘再复的一篇文章，说回归古典是回归他说的六经：《山海经》《道德经》《南华经》《坛经》《金刚经》和《红楼梦》，有很多见地。他说到《坛经》指出语言（概念）是又一个终结地狱。我觉得，这里六祖不是把非常可能当成必然了，而是想在高层次上避免这个非常可能。佛家有的经常举这个例子，就是手指月亮。意思大概是说手可以指月亮，但是手不是月亮。你不是问月亮吗？他指给你看了，你看到了，就不要来拘泥于手和怎么指了。用什么指，怎么指，看方便，主要是对对方方便。其实，我们搞语言学的，不要迷信语言（概念）就好，不受其累做不到，那就少受其累吧；这样，语言常常还是有用的，语言还是需要研究的，研究的一个境界是用其长而避其短，还有更高层次的沟通手段。这里还是说，有许多高层次的意思是语言说不清的，说是可以说的，只是近似、大概，所以往往有不可言说，只可意会。还有沉默、此时无声胜有声。

（六）还有这样的情况，有的人有时候说话形式上没有多少毛病，就是不动人，缺少灵气。青年歌手电视大赛也有这样的情况，有的歌手唱音符。索朗旺姆那时候可能唱得比较粗糙，可是得了大奖，动人。关于散文有形散神不散的说法。一般艺术里有形似和神似的说法。除了一般的形式的顺达之外，还有一个灵气。灵气是很重要的。我们往往可以从一个人的语言使用里看出他的灵气，他的灵气也一定会在他的语言使用里表现出来，但是，如果想主要通过使大脑更加灵敏来使一个人更有灵气，那恐怕很难，甚至不可能。

接受语言也有用心不用心的问题，所以有"用心听讲、用心看书"。我们有时候会不用心,一心以为有鸿鹄将至,听而不闻,视而不见。有人也听了,你突然提问,他不知道你问什么。我们有时候也看了,但是觉得好像没有看过。这种情况说是思想开小差,北京人说"走神"了。有人很专心,你叫他,他都会听不见,把听觉器官都关闭了,甚至废寝忘食,不知道饥饿和困乏。

二、由此引发的几点假设

(一)管思考和广义语言包括一团意思的有两个物质部分。一个是大脑。还有一个可能是游动的,或者多点而有些分工的,或者这两种情况都存在。说多点,因为干细胞可以克隆一个整体。说游走,经常在头部,有时候在心,有时候在肚子,有时候可能在骨头,汉语里还有说"刻骨铭心"的,说骨子里如何如何的,还有的说"融化在血液里"。这个游动或者多点的物质,我们暂且叫意识。这个说法不是很妥当,一是我们没有想好,二是别的许多人用了意识这个词,有的意思跟我们这里说的不完全一样。

(二)大脑基本上受意识管。大脑能把一团意思转化成人们交际的用语。一团意思也有声音。大脑也有自己的功能,它有一套把一团意思转化成人们交际用语的机制,这套机制里包含语法装置和语言本身的最基本的东西,是人类长期积淀和固化的东西,这里面不限于一两种语言。这套机制是与生俱来的,但是后天需要唤醒。这种唤醒,主要方法是循序渐进。这里的语言包括体态语里的低层次部分。体态语并不是副语言,它是和有声语言一起发挥作用的。这套机制不是白板,也不是满满的,需要充而用之。人类语言使用的进步或倒退,会积淀和固化在这个机制里面,大脑主人语言使用的进步或倒退,更会积淀和固化在这个机制里面。意识也与生俱来,一定阶段也要有某种程度的唤醒,也有充而用之的任务。

（三）大脑一般会使用自己的机制形式逻辑地工作。创造性的工作，灵感思维、发散性思维一般要靠高一些层次的意识。原来创造性的工作模式化了，成了套路，虽然比别人的创造性的工作可能还高明，也会固化成为大脑的形式逻辑工作的机制的一部分。大脑和意识工作的主要分野是形式逻辑的工作和超逻辑性的工作。一个人的语言和思维如果基本上是形式逻辑性的，可见得他主要使用了大脑的功能，而忽略了高一些层次意识的功能，或者他的意识的层次跟大脑的层次基本重合。

（四）意识和大脑有时候不同步。有时候意识清醒，例如睡觉的时候想醒，想动手脚，一下子动不了，管手脚的直接指挥者是大脑。大脑的语言机制和嘴的说话也不完全同步，往往说的跟不上想的，会跳过去一两个字，会吃字。也有想的跟不上说话，说的时候要停下来想，有的不是完全停下来，而是说一些衬字。常常是说这一句已经想好了下面的几句。管大脑语言和嘴说话是大脑里的两个部分，总体来说，都是大脑。

（五）大脑和意识又常常是结合的。思考和语言很少有纯形式逻辑的，也很少有纯艺术的和纯别的超逻辑的，这是为了跟人交际。如果个人思考，形式逻辑的成分一般会少。意识层次很高的人交谈，形式逻辑成分也会少。意识层次很高的人个人思考，形式逻辑成分会更少。这也是语言交际跟思维不同的一个方面。

（六）一般情况下，传出：意识—大脑—语言；接受：意识接受语言里的字面的意思和背后的意思，意识跟意识打交道，语言跟语言不直接联系。所以，意识层次高的人能听出话里有话、话外之意、背后的意思，回答也是对着背后意思来的。意识跟意识有谐振、粗振、不共振。同样的话，同样的文章，我们水平高了之后再想一想，跟水平低的时候不完全一样。同样的话，不同水平的人理解到的层次不一样。

三、与此相关的几点假设

（一）大脑皮层开发得深和广，主要还是大脑功能的开发，不过，有利于意识对大脑的作用。

（二）有人说："我手写我口。"有人提出要进行大脑思维训练，练好笔头，打好腹稿，这个速度快了，用到口头上来，口头说话的水平也提高了。这是"我手写我脑"和"我口说我手"，后一个"手"也是跟脑连着的。最头上一个"口"也是跟脑或者跟心连着的，不过说的人没有强调思维训练。这样就有了"我手写我口、我手写我脑、我口说我手、我口说我脑"，虽然其中有些连线比较曲折。古人说"得心应手"，可以衍生到"得心应口"。古人还说"言为心声"，这个"言"应该适用于书面语言。所以，说和写，口和手，都应该连接着心，说和写的分工合作也是应该连着心的。或者可以说"我口说我心、我手写我心"。

（三）上手快而后劲不足，主要是在进行逻辑性的模式化的模仿式的训练，缺乏来源，会逐渐消耗。意识的提高要提升人的许多品格、情操、心胸方面的东西，主要靠高明的熏陶、潜移默化，主要靠自觉，不仅仅是技巧和知识的学习。

（四）我们有时候脑子里会一片空白。大概是今年5月份，我听说那时候学校里有一个部门有个文件，说像我这样的要退休了，而且不能再招新的博士生了。我一听到这个消息，脑子里关于语言学的东西一下子全没有了，特别轻松。现在要我来上课，要谈语言学，要捡回来一些东西，挺痛苦的，我也不想都捡回来，消掉就消掉吧。我觉得，大脑一片空白，也不是一片空白，是你要想的那些一片空白，连帮助想的线索都清空了。有时候是紧张，大脑的某些部分关闭了,但是会空白的往往是大脑里的一部分。我们上课有时候也教学生一些防止出现这种情况的方法,也教一些出现这种情况的时候应对的方法。消磁还有一种情况,因为你不执着,消掉的是低层次的东西,这就可能是往更高层次生长的信号。不管是前者还是后者,能消掉的东西都是大脑里的东西,都是层次不太高的东西。

我们往往重视了补,其实排也是很重要的,新陈代谢么。有时候主动地新陈代谢也不容易,那是优势啊,那是强项啊,那是立身之本啊,那么多年了,甚至是一辈子辛辛苦苦积累起来的,主动变换一下,可不容易。

还有一种情况,我们有时候也变化,但是往往喜欢维持自己的大框框,好像有一个现成的大的货架,有什么合适的东西,我往上面放,也换一些货。货架是不变的。要修正、调整一下货架,那就不允许了,要么觉得太麻烦,要么觉得你货不对。

(五)高层次学习的主要不是知识,学习方法主要不是有了题目和思路以后怎样收集材料铺陈成文。高层次的观念、意识很重要,提升品格、情操、心胸和自觉方面非常重要。有时候说换脑筋,是一种说法而已。那是调整意识,要丢掉不少原来固有的东西,一点不难受、不受刺激不可能。我们不要一点小事就发愁,也不要一点世俗的小事就惊喜得不得了。心胸开阔才可能思路开阔。原来可能是领先的,一旦霸了,就模式化了,就完了。浅没有关系,不怕浅,怕僵化。浅也有僵化的,既浅又僵化,那就更可怕。

品格、情操、心胸,也属于意识部分,不过它还是提高整个意识的条件和前提。

(六)程序语言或者整体设计语言,是意识初步转化为语言,管更下层次的语言。语结里意识的部分更多一些,但也还是初步语言化的意识。

(七)无意识、下意识,有的是不走脑子,有的是自己的意识在起作用,有的是连大脑的逻辑功能都没有起作用。

（八）即兴的、事先没有怎么准备的交谈,因为没有什么模式,比较能体现和锻炼智慧。做力所不及的事,比较能体现高一些层次意识的作用,比较能调整意识。

（九）有的人说几句,接着想,隔了一段时间又说几句跟刚才接得上的话。这种情况是多见的。我们听他说的后来的几句,还要理解他刚才想的没有说的一大段内容。实际的语言交际情况很多,我们需要关注和探讨的课题还很多。我们还得理解字面背后的意思,高层次的理解是高层次意识的谐振,不容易,那叫心心相印,两颗心合丝合缝成了一颗心,或者你一颗小一点的心包容在他大一点的心里面,没有出圈。

（十）特别要注意语言里高层次意识的部分。吕叔湘说欧阳修《醉翁亭记》的连接是内部气势的连接。吕叔湘《语文常谈》(《吕叔湘文集》第五卷,商务印书馆,1993)里还谈到语言里有好多东西,我们要关注好多东西的连接。例如色彩的连接,好多导演会谈这个问题。还有情绪的连接,气氛的连接,意识流的连接。意识流分两种:一种不是睡梦、糊涂,例如陆文夫《毕业了》(《陆文夫集》,海峡文艺出版社,1986)里面写到的缝裙子和下雨那一段;还有一种是作者加工的别人睡梦、糊涂时候的意识流。连接、结构可以是很复杂的。还有大自然在人类语言里有密码,例如一部分拟声词。我们要会领会大自然的语言。张炜《满地落叶》(《山东文学》1988年第10期)和许多小说里都说修养的重要体现是会领会大自然。大自然的语言是各种各样的。2007年11月9日晚上6点左右,中央电视台音乐频道王雪纯主持的节目,说大自然的交响曲,有音乐,有舞蹈,那些鸟引颈高歌,小鸟在树枝上轻盈地滑过来滑过去,太美了。

今天说这些,也是想更高层次地讨论语言全息发展论。

给语言学及应用语言学研究生的几点建议[*]

首先祝贺大家考上研究生。欢迎大家来攻读研究生学位。刚入学的时候,我谈一些建议,或者说是注意事项,供大家参考。

选择研究语言学及应用语言学还是很有意思的,它比较像哲学,跟许多学科、许多方面都有联系,向别的学科以及别的方面学习是近水楼台。语言学及应用语言学是特别开放的学科,它影响别的学科也比较方便,它容易也应该成为领先的学科。还有,它同人、同社会、同大自然紧密联系在一起,群众和社会都很关注它。它经常成为群众和社会关注的热点。

我们要研究好,也需要一些基本的条件。

语言学及应用语言学是一门科学,也是一项事业。我们要有科学工作者的品格和事业家的眼光。不保守、不迎合,脚踏实地,又讲策略。科学工作者的品格往往表现在不能做的时候坚决不做,事业家的眼光往往表现在需要做的时候有了五六分条件就坚决做,而且做好。不考虑所谓的关系大概很难,但也是三分关系七分学问,不能热衷于搞所谓的关系。权术和学术不能掺和。

我们做语言工作,要顺乎自然,因势利导,做促进工作。这个

---

[*] 2008年9月10日给中国传媒大学文学院新入学研究生的演讲。

自然就是外部条件和内部规律。这个势里很重要的一点是广大群众的理解和参加。我们要为群众服务，是群众当中的一员，先进的一员，超前半步的向导。要及时地、高质量地满足社会现在和未来的需要，还要及时地、高质量地引导社会现在和未来的需要。

我们过去研究语言学及应用语言学，经常说是努力就行了，刻苦就更好了。这些年，我们的认识改变了。20世纪80年代中期，我们好多人说的是需要聪明。语言学很像哲学。大语言学家都应该是哲学家。语言使人聪明起来高于一般动物，语言还继续使人聪明起来高于原来的人类。研究语言学及应用语言学，实际上是研究聪明学，研究者当然要聪明，而且要大聪明。我们在研究中要逐渐更加聪明。

什么叫聪明？在生活里是怎么判定的？是到位而且速度快，是准确的情况下运动快，是效率高。

所以，研究语言学及应用语言学要效率高，要讲究时空点。做事情的价值要看时空点，不同时空点的价值是不同的。有的事情，时空点好像不太讲究，有的就很不同，你错过了这个村就没有这个店，你错过了这个机会就不行，机不可失，时不再来。你读学位是有时限的，要在有限的时间里把学位拿到手。

效率高，是基本的素质。而且是在克服种种困难的情况下的效率高，主要是精神活动方面的效率高。要把这个当作习惯。科学的真谛一定不会给溜溜达达的人。

我们常常是合作完成一项工作，有的有个程序，你交出去了下面的人才好接着做。有的有个集体的时间表，有一个没有完成，整个工作就完不成。你高效率地完成了，还是一种合作精神。语言交际的目的和基本原则就是合作。语言学及应用语言学者特别要讲合作。你合作得好，就是信誉指数高，你自己自信，别人也信得过你，愿意跟你进一步合作。什么叫缘分？缘分就是你跟大家、大家跟你合得来,一见如故。缘分就是你跟大家团结。

科学研究就要创新。"新"是逼近规律,逼近真理,逼近"是"。"是"只能从"实事"中"求",只能"实事求是"。实事求是就是务实。别人务实,向"是"靠拢了一步,你更加务实,才能更加靠拢"是"。你比别人更加靠拢"是"的那一点点,我们叫"新"。更加务实才能创新。实事求是,要实践,要解决现实的实际问题。那个问题还有待于进一步解决,我们去解决,原有的认识或者方法没有解决好,我们进一步解决就不会用原来的一套,在认识上或者在方法上或者同时在两个方面都比原来的进了一步,这进了一步的地方就是理论、方法的创新。理论就是这么来的。不要以为理论是玄而又玄的东西,不要到没有理论没有学问的地方去找理论找学问,也不要被那些玄而又玄的东西吓倒。

理论出自实践。我们要有语感,但是我们还要有论感,要努力解决老大难问题,努力解决新问题。我们要重视理论,重视理论就是重视实践。我们要实践和理论顶天立地。我们要注意前人关于语言和语言学的论述,我们要注意学习哲学,特别是东方哲学。

我们的语言学起初就是跟哲学在一起的。那时候语言学是哲学的婢女,因为语言学没有搞好,不能怪哲学。后来语言学独立了,可是又有些自我膨胀了,跟哲学有些脱离了,也是我们语言学没有搞好,也不怪哲学。这几年语言学又注意跟哲学结合了,这是我们语言学发展的标志之一。今天,我们的语言学及应用语言学跟哲学,应该是既结合又不混合,既独立又不割裂。我们最好是有两个研究方面的结合,一个是有比较具体的研究领域,而且注意理论价值;一个是理论性很强的问题,又注意有现实意义。

关于这几年的实习,要同专业学习结合起来。这几年,一般情况下,不要做跟专业学习没有多大关系的打工。不值得,很划不来。我们是要做大事业的,要做大学问的。我主张乐道,不主张安贫,但是当学生的时候生活上过得去就行。我们将来主要用我们的学术为社会服务,用这个来得到社会的认可和酬劳。我们不要埋没自己。我们的语言学及应用语言学有了很好的基础,我们要在学术上和人才方面出精品。

我原来在中国社会科学院研究生院带研究生。那里一开学,院长就宣布要做到六个一流,要培养"大家"。后来我看到一本书,才知道"大家"也没有什么了不起,在画家里分六等,"大家"是第四等,是承上启下。我们不能承上启下还行?我们也要培养"大家"。

我们还要补点课。我们的学习不是第一步全学好了才学第二步的,所以补课是正常情况。但是我们不要已经走第十步了,第一步方面还有不少欠缺。还有,大家可能来自不同学校,原来学的内容不同;有的本来还没有想读学位,不在其位也就考虑得不同。所以都要补点课。一是本体语言学方面的。应用语言学是语言本体和本体语言学同有关方面发生关系的学科,缺少研究语言本体的功底,应用语言学研究不好,也不策略,会被人家看不起,会使这个学科都被人家看不起。还有普通话一定要说好,不是播音主持方向的同学也要说好。这是研究语言学及应用语言学的需要,也是你将来工作的需要。在北京,你要上讲台,这一点要求很高。我们要相互帮助,短时期里要明显见效。也是看看同学之间帮助得怎么样。还有,外语要好。我们很多人出去,发现很多华人学者的语言学及应用语言学不见得有我们好,可是他们的外语好。如果我们外语好,研究的视野开阔,而且可以及时吸取外国的营养,及时向外国介绍我们的见解。我们重视研究现实问题的人,特别要重视学习外国,要把我们的研究放在世界的背景下来考虑。新的世纪,我们有一个重要的任务,我们的语言学及应用语言学要给世界提供些什么。在我们搞得比较好的时候,努力学习外国,那是主动的积极的高层次的学习。

同学之间要多讨论,多协作。许多学科的研究生在一起,知识面宽,思路开阔,可以多种学科交流。语言学及应用语言学特别需要这样。我们也要这样。我们自己要多交流,多跟别的专业的同学交流。我们这里经常有学术活动,请过多方面的人士来谈语言学、播音学。还有别的方面请过王蒙、舒乙、陈道明、葛优来谈。我们要去听,去请教。还有别的系有好多好的老师,像路盛章,要多向他们请教。

我们自己专业的课,有的同学可能自己不是很感兴趣,必修的一定要修好,那是补课和进一步打基础。选修的课,你既然选了,要学好。要成为"大家",学问的面要宽。我们上课,已经是研究生的课了,要思想活跃,要注意研究,很多课是讨论课,甚至由同学主讲。

还有,多主动跟自己的导师联系。研究生,学习和研究的往往是前沿问题,没有多少现成的参考书,东西在导师的脑子里,要多跟导师交谈,这是比读书重要得多的学习和研究,特别是硕士生。一位大语言学家说过,一个人自己考虑了题目,自己独立完成了论文发表了,起码是副教授。我们的硕士生还不是副教授,就没有这个本事。要多找导师。导师关心不关心你,是导师的事,导师应该关心你。找不找导师,那是你的事了。我有的学生起先不怎么找我,说是怕我忙,怕我烦他,说是他先看书,先找别人讨论,想好了再来找我。我说你没有来找我,你怎么知道我烦你了?还有,你考虑好了再来找我,你不来找我怎么考虑得好呢?这不是本末倒置吗?

当然,我也有脾气,我先在这里说了,我这个人很好说话,但是有三点在我这儿通不过。一是布置的事没有充分的理由没有事先打招呼不及时完成。二是自己的论文没有努力没有尽力就要我修改。三是我说了几次的毛病还没有改。我说得厉害一些、话重一些那是好的,如果我对你很客气了,你要注意了,那是我对你降低了要求。我说了几次你不听,我只好认为你有自己的看法,你有主见,这很好啊,我尊重你。

在导师的指导下,做一些研究。不要只在写学位论文的时候才做研究。最好是在学位论文之前就有不少论文了。我们不赞成搞什么形式主义的论文数量上的要求,但是我们主张在学习和研究当中出成果、出人才。我们学习了,研究了,成果必然出来,出成果也是出人才的一个标志。

我们有许多同学是来攻读博士学位的。

关于"博士"这个词的来历,有好多种说法。我比较喜欢说它是从"把式"来的,"车把式、茶博士、酒博士",把式就是博士,博士就是把式。博士是老百姓里有一定特长的人。

博士本来是平民化的。可是有一个时期似乎形式上贵族化了,一想到博士,人们就会联想到洋博士、太阳镜、司的克、白手套,跟那时候的平民格格不入了。我认为博士应该还是平民,是从平民里来的,永远植根于平民之中。博士是平民里的精英,平民里的精英不是脱离平民,只有深深植根于平民之中,才能成为平民里优秀的一员。

我主张作坊里也能出精品,这是锻炼队伍。后来条件好了,这种精神和起点比较高的认识不要放弃。特别是一个人做一些新的事情的时候,又是还没有成绩和显示能力的时候,不能提什么条件,而且也没有什么条件,还要创业。在作坊里干活,不见得认识就一定土就一定低,认识的层次可以很高。需要的时候,正规军也能打游击,而且打得好。打阵地战不能小看打游击战,阵地战也不是队伍整齐地敲锣打鼓列队走向敌人。

崔永元《不过如此》里说:"那么,平民的特征是什么?我觉得是善良、真诚、与人沟通、与人为善、得饶人处且饶人、退一步海阔天空,这都是平民最本质的特色,而不是穿打补丁的衣服就是平民。"(311页,华艺出版社,2001)我赞同崔永元的看法。平民最本质的特色是厚道,不霸道。

叶圣陶说学语文是为了不用学,教语文是为了不用教,当然主要指的是学校里的学和教。我们在座的学了19年了,有的年头更多,为什么还来学?来学什么?怎样学?

学位是需要拿的,还要学真本事。学什么?博士当然要博,既要博,还要深,还要有一招。学了之后不用在学校里跟老师学了,会自己学了,会用好自动升级的程序了。电脑是仿人脑的,电脑升级很快,从286、386到了奔腾3了,还有更高级的。这是好事,可是一般人的电脑老跟着更新负担不起。人脑里天生是有个自动升级的程序的,我们在学校里学,最主要的是要学会用好这个自动升级的程序。学这个,比学得博、深要重要得多。我们说要有一招,主要说的是要有这一招。

现在博士后面还有"研究生"三个字。这个研究生,是要成为探索型或者加上工程型的研究人才,甚至成为领导型、骨干型的研究人才。

应用语言学的特点是应用和交叉,应用语言学队伍建设的基本要求也是应用和交叉。我们要有本体研究的功力,在知识结构方面,语言学科的几个主要方面,理论、写、说、应用,要几项全能,还要高效率。我们经常要调查研究,要会田野作业,要有实际解决问题的能力,要有骨气和策略,还要会审时度势。

领导型的研究人才要自己真正承担课题,是高层次学术群体的核心,团结人和关心人的各方面。领导学术的主要方式是以学术引导学术,还要既把握学术的方向和动向,又会微观操作具体进行,不是大而化之。骨干型研究人才是次高级人才,是开拓型和工程型之间的,能领会开拓型研究人才的研究意图,把这些研究意图创造性地细化、系统化,变得好操作。

博士生不是比本科生、硕士生越学越难,应该是越学越容易。已经有了一定基础了,有了一定的研究能力和研究成果了,应该是越学越容易。如果不是这样,就有些不正常了。

也有越学越难的,也有不少人没有学好,反而滑坡。不是有"傻"博士之说吗,越念越傻。有个念硕士的跟我说,她很苦恼,她发现她们那儿不少博士研究生好像挺傻的,她怕也越念越傻。念书的确是有越念越聪明和越念越傻两种可能。这位硕士生后来也念博士了,并不傻。

要做到不傻,无非是按照规律来学。书如果本来写得不太活,我们念得又不太活,读死书,死读书,必死无疑!读活书,活读书,怎么会死呢?怎么会傻呢?要死也死不了啊,要傻也傻不了啊。

我们的学习,主要用熏陶的方法。我不怎么赞成用循序渐进的办法。那个序是谁定的?前人的学问,好几千年了,我们十几年里怎么循序渐进地学?例如用电脑,如果我们不是研究电脑演变史的,何必一定要从286、386用起。有人说走还走不好不能跑。怎么叫走好了?跑的人都走好了?小孩是先会跑的还是先会走的?应该说走和跑都是分层次的。还有,谁把第一册全学会了才学第二册的?第一册学到一定程度了,就可以学第二册,学了第二册回过头来会对第一册有进一步的领会。有的地方放在一年级上的课,换一个地方可能放在二年级三年级上。

我们博士生上课,学最前沿的、最新鲜的。问题有全息性,知识有全息性。前沿的、新鲜的反映全息比较充分。后生长的,反映全息比较充分。今天的社会比以前的社会反映社会发展的全息比较充分。新词新语和新的语言现象反映词语和语言的全息比较充分。学术的新成果在学术的前沿,迫切需要进一步解决的现实的和理论的重大问题在学术的前沿,学术的重要的新的生长点在学术的前沿。我们这样按规律学习,要傻也傻不了啊。当然要有一定的基础。

用熏陶的办法更要有悟性。我们现在始终是小班学习了,不是搞工业流程了,特别讲究因材施教了,教一个是一个了,这样的教学接近艺术了,学的人特别要有悟性。

我们说要学前沿的、新鲜的,还有一个原因是人们不喜欢老一套。崔永元《不过如此》里还说:"我说,你喜欢过期变质的礼物吗?"(同上 237 页)我们不是提倡语言也要新鲜吗?大家讨厌套话,讨厌口头禅,因为它不新鲜,没有营养,可能有害。我们也讨厌不新鲜、没有营养、可能有害的所谓学问。

跟这个有关的还有一个唤醒理论。有一个"白板说",说是人生下来大脑里原来是一片空白,学了一句话大脑里才有了一句话。乔姆斯基提出语法装置说,根据之一是儿童语言,儿童学说话并不是一句一句学的,他学了一句话,经过天生具有的语法装置会出现很多句话。乔姆斯基认为人天生就有语言方面的创造性。我们更同意语言与生俱来的说法。许国璋说《马氏文通》里已经吸取了这个说法。

语言如果是与生俱来的,人后天是唤醒语言。唤醒要找高明的人,要找在这些方面已经醒了的人,找善于唤醒别人的人。"语言唤醒说"是尊重人,把主动权交给自己。人们讨厌老一套,那也是觉得没有受到尊重。所以人们追求进步,呼唤引导,呼唤唤醒,这也是人的天性。人们如果在这些方面不能得到满足,会非常不满,犹如对大学生上课还老说中学里的内容。

熏陶,唤醒,要自愿。要自学为主,自己研究为主。我们是考进来的,是自己要求唤醒的,来学习不是做红萝卜,不是做香蕉人,不是镀金。不是光会一些名词术语,不是徒有其名。适当的包装是为了跟内容相配,也是为了方便和美感。学习是为了觉悟,为了自在,不是更麻烦,不能学了以后去吓唬人。

要相互熏陶和唤醒,所以要相互讨论。做学问就是碰撞,互相找新的生长点,互相选优,共同提高。

熏陶,不能立竿见影、急于求成,要看后效应,要接受社会历史的检验。研究就是探索。对探索的鉴别本身也在探索。不探索是最大的失败。不发展是最大的不规范。要保护探索。我们要重在探索,而不要太在意眼前别人对你探索的成绩的评价。

有的博士生考上之后似乎有些滑坡。考的时候,面试的时候,我们觉得这些考生风度翩翩,英气勃发,古今中外对答如流,很有锐气。录取之后,似乎不如原来了。原因可能很多。我觉得,博士生谦虚是需要的,但是要善于独立思考,要有自己的见解。学术上有些见解错了也没有关系。学习也要有勇气,要对前人敬而不畏。使你畏的一些书不看也罢。对相应程度的人谈的学问,是使人们觉悟的,是使人们感到亲近的,是使人们觉得也可以努力做到的,是鼓励人们、给人们勇气的。如果是吓唬人的,肯定不是真正的学问,这是检验学问的一个标志。我们一定不要被假的或者掺假的学问吓倒。我们以后也一定不要去吓唬别人。

还有,一定不要浮躁。浮躁是想种豆得瓜,种豆是得不到瓜的,管分配成果的人也一定不能给种豆的人瓜,也不能给种瓜的人豆。我们说成果的分量,是指学术功力加必要的劳动时间。除了有分量,还要巧,要机智,要高效率。我们要会几件事一起做,要适当忙一些。要会安排时间,手勤一些,多思考,会利用零星时间,利用各种时间,有时候要倚马可待,有时候要拼一下。

特别要解放思想、实事求是。我们搞科学研究,创造、发展,比的就是解放思想,实事求是。我们说要有语感和论感两头并且相互促进,指的就是贯彻解放思想、实事求是这个精神。特别要做大量的调查工作,要做第一手的调查。理论要力求解决问题。我们在理论上有一些建树,首先考虑的是解决现实问题,首先想到的不是我要建立什么理论了。理论不要玄虚,不要花哨,不要吓唬来吓唬去。如果我们理论建设不够,那是解放思想、实事求是不够。

进一步解放思想,才可能进一步解放语言;进一步解放语言,也是进一步解放人自身。

研究生还是学生,还要学习。学习什么?调整观念最重要。方法不是最重要的,但也是很重要的。怎么不断地调整观念和方法,这本身就是观念和方法,是高层次的观念和方法。方法有层次,一种是有了个题目,确定思路,找材料,铺陈成论文。我们还希望层次更高一些,要知道你题目是哪儿来的,思路是哪儿来的,这是方法的方法。

首先是有问题,问题是实践中来的。问题需要解决。你要有许许多多现实问题,有许许多多现实的学术问题,有许许多多问题症结的认识和解决问题的途径、方案。这也是学问,是问题驱动,我们的研究或者说是发展这种驱动。

很多问题里面怎么确定几个呢?

首先还是要有问题,社会需要进一步解决问题。我们要有关注这些问题的社会责任感。研究生当然要完成毕业论文,但是毕业论文是体现学问,这个学问是解决社会现实学术问题的学问。然后看几点。第一点是这个问题是不是由我们来解决比较好;第二点是我们经过努力,现在是不是比较有条件、有能力解决这个问题,主要是看有没有合适的人;第三点是看机遇,例如来了课题和经费。

起初怎么操作呢?

向有关的人学啊,问有关的人啊。这也是学问。

问题都不会是凭空来的,都是有它的前身的。有的人过去做过这方面的事,不是他不行了,而是他有其他原因不做这方面的事了。我们要向他请教。还有,他可能有些见解很好,有些见解不一定对,也要向他请教,特别要了解他怎么会有那些不一定对的见解的。还有,我们要研究的这个范围,别人没有怎么研究过,但是他研究过相关范围,碰到过我们要研究的范围,我们也需要请教。能访谈的访谈,能读他们有关著述的要读。有的是起码的知识,我们起初不了解,要想办法了解。

怎么才能进一步发展呢?

我们一定要有比别人进一步的地方。例如别人也可以做这样的事,可能做得比我们好,但是他天时地利人和财通方面可能不如我们。最关键的是,别人没有很好地解决问题,往往是对情况了解不够。所以,我们特别要了解新情况。还有,可能有些前人在认识和方法上还需要进一步,我们在这方面的进步也主要是从新情况里提高认识,新情况里包括实践者的一些认识和做法,我们要尊重、选优。还有,过去好像几乎都那么说的,我们还要多问几层为什么,这是深入,也是提高。

进行新的范围的语言研究,要从零开始,做小学生,读书,调查,访谈。不能完全拿过去的做法来套。这也是学问。

一个团队的讨论很重要,有共性有个性,取长补短。彼此都要积极,都会打通关,但是又不要浪费人力,还有一定分工,首先各人把各人的任务完成好。做榜样的人要带头,不是要他多干活,可能要水平和能力差一些的多干活,给他多实践的机会。很多道理以前虽然说过了,他自己不干起来没有多少认识。

带研究生,是要帮助他通过实际解决社会学术问题来培养他的研究能力。这个能力如同怀孕,是整体推移,孩子的培养也是整体推移,语言研究能力的培养也是整体推移,是整体的。一个大的课题,要想办法争取到课题经费,还要组建班子,班子还要协调,还要考虑开研讨会,还要考虑到后面的事适度超前准备不至于误工,还要设计比较巧地完成课题的方案,还要既出成果又出人才。我们的团队里,还应该有一定的人学会这样一系列的本事。还有,还要有一定阶段有针对性地总结培养人才的经验教训的本事,也是研究生应该会的。我们不要想着我还不会有这么一天,到了这一天自然也就会了。那可不一定。你很可能会有这一天,你会负责一个研究项目,带领一批人。你即使不当负责人,也要当被领导吧,你会换位思考,对你当好被领导也会有帮助的。语言交际里有个合作原则,你要在研究生期间会加强跟别人的合作。起码有一个跟同学的合作,跟导师的合作。合作是合起来做,也有你的一个方面,合作不好能搞好语言学和应用语言学?

下面,我着重谈几点。

一是会生活。

大家注意没有,最近有个广告词是:"识得庐山真面目,只有亲临此山中。"我觉得这个说法很有意思。不识庐山真面目的过错,不是只缘身在此山中。不到庐山,不会识得庐山真面目的。不要过于迷信所谓的旁观者清,忽略甚至排斥当事者。身在庐山而不识庐山真面目,可能是在庐山时间还短,对庐山认识还不够,可能还有别的原因,例如认识方法有问题。

只有深入生活,才可能高于生活,不可能脱离了生活或者做生活的所谓旁观者反倒会高于生活。

认识生活,实际上是跟生活的共振。识得生活的真面目,实际上是跟生活的谐振。

我们搞语言的人也不是一天到晚谈语言,一天到晚谈语言也搞不好语言,搞语言的人要懂得别的,尤其要懂得大自然,要懂得生活,要懂得现实,要懂得历史,要懂得使用语言来写生活。这看起来并非语言,但是它是包含了语言的广阔的生活,语言生活只是大生活里的一个部分。大自然里的语言,生活、现实、历史里的各种语言,是比我们许多人理解的所谓语言广泛得多的语言。有这样的广阔的认识和实践的背景,其中一部分的语言会搞不好?我的博士生於春多次引用我的话说:不会语言学有什么关系,会生活才是重要的。我再补充一下,会生活也容易会语言学,不会生活的人搞不好语言学,什么学都搞不好。反过来说,搞不好语言学的人,往往是因为不会生活。我们的希望是:会生活,会语言。

还不要老是在过大的压力下生活。

压力总是有的。我们一般生活在一个大气压里。高原上不到一个大气压,深水里大于一个大气压。人们常常说的"有压力",是指大于一般的压力了。深水里压力大,人不好受,所以有"水深火热"之说。

压力大,有时候是心理上的。有的人承受力大,有的人承受力小,前者不算什么的压力后者会受不了。心理是可以调节的,心理承受能力也是可以改变的。

我的一位朋友的女儿把孩子留给父母跟丈夫到美国去了,她在那里又读了一个学位。我的朋友说女儿上一个冬天回来过,回来主要是治病,好多病,挺麻烦的,所以没有来看我。这次夏天她来看我们了。过了三十五了,还跟以前小时候一样,到了我们家随意得很。她说东说西,没有说她的身体怎么样。我们忍不住问了她。她说那时候美国医生说她心理压力的指数超过正常的很多倍,生理上也就出了好多问题。现在她很多事情想顺当了,心理指数正常了,也没有病了。

不一定所有的病都是心理指数不正常造成的,但是,我想,很多病跟心理指数不正常有关。

没心没肺,什么压力都没有,也很好。可是有时候还有任务要完成啊,不能太大大咧咧啊。常常在过大的压力之下过日子,也不是一回事吧。我们都知道,你的智慧是在轻松愉快的情况之下才能展示的,谁在过大的精神压力之下创造啊?我还有一些朋友,很有才华,很有能力,可是她们常常生活在她们自己觉得的过大的压力之下。真的有事了,她们的压力很大,可是她们觉得压力大的时间比一般人长很多。不知道是后来扩大的还是以前就有的,她们看到别人做得不错,也会觉得自己做同一类的事有压力。有时候她们也没有办法为别人的困难出力,可是她们会忧愁。她们本来是可以更健康的,是可以生活得更好的,是可以做好更多的事情的,可是她们常常生活在深水里。

她们有时候也天真烂漫,也笑得灿烂,那往往是在大自然里的时候。她们好像发愁的时候比较多,这时候我也揪心,我们很多人都揪心。我们不是明明知道会生活就好吗?学问就在生活里,会生活才会做学问,我们怎么有时候会怀疑这一点而放弃会生活去做什么学问呢?

天坛公园有个"快乐口琴队"。有人提出"快乐足球"。前几天学校里举行教师运动会,提出的是"快乐运动"。我们完全可以快快乐乐地过日子、做学问。这里我又要多说说"看别人的样"了,你看看周围的许多人,别人都没有困难吗?别人的困难都不如你吗?别人怎么不那么愁眉苦脸呢?很可能是我们在"会生活"这一点上还要好好向很多人学习呢。

二是要善于创新。

我们可能常常在往模子里钻。一个学生,看到老同学有了房子有了孩子,想想还是相夫教子吧;又看到老同学在读博,想想还是继续奋斗吧。在做决定之前,需要认真考虑,也需要以别人的抉择做参考。不过,我总觉得,还是更要考虑自己的情况。人跟人是不同的,有的人受过义务教育之后工作了,可能很好。有人读博,也可能很好。前者不一概反对别人读博,后者不一概反对别人不读博,这就好了。世界就是要五彩纷呈,彼此要相互尊重。前者、后者都要考虑考虑自己的情况,适合自己的情况了,怎么抉择都很好。没有抽象的哪种抉择好哪种抉择不好。不是说读博是奋斗,前者就不是奋斗了。

由此,我想到,我们常常不怎么考虑自己的情况,而主要是看别人的情况来做抉择。比如,季节转换的时候,自己可能需要穿厚的或者薄的,可是,要先看看窗外街上的人穿什么,自己也跟着穿什么,哪怕美丽冻人或者捂得难受。过日子,常常主要看人家怎么过的,造成了攀比。我们许多情况下不是在演模仿秀,而是宁可委屈或者扼杀自己的特点往模子里钻。这样,今后怎么搞创造啊?怎么超越前人啊?读了博又怎么搞研究啊?要知道,你要做成一些事情,是要经得起有人说好或者说不好的,成功的伴随物是嘲笑。所以,读博之前要做的主要不是下决心读博,而是多考虑考虑自己的情况,这叫"实事求是"。有了这个态度和思想方法,读博不读博都行。

我比较赞同梁衡的话:"抱定一个人亦步亦趋是走不通的,科学的态度是:看别人的样,走自己的路。"(梁衡《只求新去处》261页,作家出版社,1994)梁衡这里说的"看别人的样",主要是指"谦恭虚怀,广拜良师"。我们做许多事情,恐怕都要这样。

三是不要一概反对"边缘化"。

被搞到边上去,主动地到边上去,似乎不见得完全不好。

有时候他就不是核心,他就是个配角,配角也很需要啊,愿意和当好配角也很不容易呢。据说舒绣文在一个戏里当配角,态度很好,当得很好。我很佩服这样的人。云冈石窟里有一组像,释迦牟尼坐在中间,燃灯法师在一边站着。燃灯法师是释迦牟尼的老师,释迦牟尼主事的时候,燃灯法师在一边谦恭地站着。我很佩服燃灯法师。释迦牟尼坐在中间的时候,我想他也很敬重燃灯法师的。有人评论张悦小嗓子,做不了当家的播音员主持人。我觉得张悦这样的也很需要啊,她高高兴兴地做好她的工作,也很不容易啊。据说开中药是很讲究成组的,大概是君臣使卒,没有卒子也不行啊。人参也不能老用啊,它常常是跟别的搭配着用的。

中国象棋,将在主位,其实是在边上。将活动的范围很小;士也差不多;相可以飞,但是不能过河;卒子一过了河就很厉害了。

某个电视剧里康熙是主角吧,他在金銮殿里的时候,吃什么药喝什么茶,还不是听别人糊弄吗?他不是还要走出金銮殿吗?走出来还不行呢,还要放下架子,还要微服私访。他一微服私访就发觉了,天下原来竟然是这样的。他在金銮殿里似乎也还是边缘化了。恐怕他原本应该是边缘的,民为贵社稷次之君为轻么。我们有时候也并不羡慕当皇帝呢,皇帝能像我们小老百姓在街上随便走走吗,也不很自由呢。大臣又怎么样呢?据说成天提心吊胆的,伴君如伴虎呢。姜昆说相声说他掉到动物园虎山里去了,够吓人的。成天价伴着老虎,我们小老百姓可不敢。被重视了怎么样呢?某个将军后来很庆幸没有被林彪拉到核心里面去。在一个小部门里面,如果不正确的意见、做法、风气占上风的时候,你干吗要往核心里面靠?在那里你被边缘化,你自己主动边缘化,那不是也好吗?

前几天看世界乒乓球锦标赛,擦边球是好球,是运气球。

占座位,许多人往往占边上的,不引人注意,还好进好出,有时候不声不响地溜号了。坐在边上,往往看全场还清楚一些。你在中间吧,你后面的人干什么,你不回过头来就不知道。

你要提高了,你不是要离开这一层到上一层去吗?你在原来一层的边上,拍拍屁股就走了。如果你在原来一层的核心,搞了很多关系网,你走起来牵丝攀藤可麻烦了,你也依依不舍啊。

像长跑一样,有的人落在后面很远。有的人在前面一个方阵里。你在这个方阵里,看起来是在核心里了,其实也还是分前后的。你曾经经过核心,说明你有能力在核心里,但是你会努力走到更前面——边缘去。

关于边缘化,要分析,不是统统不好,也不是统统好。

边缘不边缘,有时候是互补的,有时候是相对的,有时候是动态变化的,有时候还被颠倒了。

四是善于享受"孤独"。

享受"孤独"也不容易。你看啊,长跑,长长跑,要跑几十年的长跑,有的是扎堆的,有的是零散的。零散的有的在后面,可有的在前面啊。有的远远在前面了,明明知道没有人跟他抢第一了,他还在一往无前。他的目标不是争第一。他不痛苦。他在享受"孤独"。他在享受跟天地的融合呢。

我们往往在不靠前的扎堆的人群里,看似一群,但是还要争个你先我后,彼此要有些防备,有的还弄出个"战术"来不让你往前突。你会有低层次的"孤独"。或许也会有一些不是很由衷的、不是很公正的掌声和鲜花,你会有层次不很高的"不孤独"。

跑在前面哪里是一个人、几个人、几十个人呢?我们离他们太远,往往看不清楚。他们很可能是一大群人。我们往往用地位、身价、名望、头衔、收入等来衡量是否属于这些人。其实评价标准可能就不一定对,他们往往是不惹眼的人。他们都跟天地融合,他们彼此融合,他们其实"不孤独"。我们要"不孤独",只有融合在天地里面,感受到"天行健"和"地势坤",这样才会有一大群也这样的人理解我们。这样的人是存在的,你看,我们身边不是许多人乐呵呵的吗?他们的草根朋友彼此不是很和谐吗?前面有一大群人在欢迎我们呢。我们感到"孤独",往往是我们还比较落后,或者还希望得到一些世俗的掌声和鲜花。

五是许多情况下会"只事耕耘,漫问收获"。

例如,自己对已经显露的收获的价值认识不清楚,又一时无法询问高明。

例如,收获是个变化的、多种情况的长过程,自己出现的或许是高明并没有列举到的某些阶段性的情况。你询问高明,高明可能会叫你:别管那么细,继续耕耘。

例如,收获是要过一阵子才能显现的。我们总不能常常问吃了这一口菜会怎么样,或者吃了这一口汤药会怎么样。

例如,效果是各种各样的,不要都追求你的发现人家立马都用上了,否则就怀疑自己搞的都是象牙之塔里的东西。

例如,收获是一个总的效果。我们学习,会学各种各样的。我们总不能常常问学了这个词、这个知识以后什么时候用得上。

类似地,我们常常收集语言资料,这叫备料。备的料总是比需要的料多得多,总有一些料后来用不上。我们更多的时候不是为了某个题目备料,而是从语言事实里发现问题。我们觉得这个语言事实可能有意思,就会随手收集起来。这些收集的材料,可能以后用得上,肯定有许多是以后用不上的。

类似地,有人说:"多个朋友多条路。"我们常常是交朋友的时候压根儿没有想交了这个朋友我什么时候好利用一下走个门子。

例如,有的事情,别人耕耘了,也有收获了,也告诉我们了,可是我们还是体会不了。自己耕耘了,也就体会了。吃一下梨子,就知道梨子的味道了。其实,历史的、别人的经验教训,换个样子大体上自己经历了,才会有确切的体会。

例如,有的事情,别人也没有探索过,谁都不知道具体的确切的结果。你既然要探索,只能试试看了。神农尝百草,就是试试看。中国的老祖宗为我们这些后来者树立了勇于试试看的榜样。

今天的孩子们并不很知道他们将来具体是干什么的,仍在兴致勃勃地学好多东西。现在新产品越来越多,总是有许多人在创新、在尝试着向人们推荐。许多硕士研究生、博士研究生一边为找工作发愁,可是更重要的一边是在探索学问。他们懂得许多事要"只事耕耘,漫问收获",他们在实践和示范呢。因为,这些是神农的后代。

"走着瞧",这句话里可能有许多哲理。你要知道后面的、将来的,你总得走啊,你走了,可能知道了;你不走,怎么能知道呢;有些你走了也不一定知道,那也要走起来看啊。这个"瞧"里也包含着"尝试"呢。

有不少选手说"重在参与",说他们来参与本身就是成功了。能参加某些耕耘本身就是取得了一定的资格,就是一种耕耘的收获。对耕耘的尝试和认识:收获—耕耘—收获,这大概是我们许多认识和做许多事情的简图。

六是总要在某些方面超过前人。

前几天,一位考硕的学生跟我在网上通了几次信。我最高兴的是她在许多话里的一句话,大意是:"我的目标是在应用语言学方面超过你。"我们的目标也是有人、有一大批人在许多方面超过我们。我看,这位学生会是这一大批人里面的一个,她有决心,也有这个潜能。

我在当大学生的时候,也想着超过谁,不过没有说。不过我有很多短期目标,还整理成一篇介绍学习方法的《"赶"字法》。

我一直在思考这个问题,后来逐渐认识到要超过前人有几个要素。

一个是找到和掌握他本事的来源。普罗米修斯给人类带来了火,这火不是他发明的,是他从天上盗来的。我们也到天上去看看啊,那里除了火还有别的宝贝吧。如果我们到了比普罗米修斯到过的还要好的地方,我们会看到更好的宝贝。所以,论著的参考文献很重要,人家可以通过这条路找到和掌握你本事的来源。

还有一个是善于选优。一个先进的社会,总是善于吸取这之前的人类社会的所有文明的。一个人也是如此。一个社会、一个人理应超过前面的。如果要超过基本上是同时代的,那要超过别的社会的或者别人的主要的优点。这个优点里很重要的就是谦虚。你比他谦虚,你就很可能超过他,换句话说,在这一点上你已经超过他了。

还有一点,一般说,每个人都有别人不可逾越的方面或者潜在的方面。问题是,这个人要找到和发展这个方面,不要往模子里钻。这个方面主要还不是指某个领域,主要指某个或者某些领域的成绩背后更重要的东西。

七是语言使用要好。

语言学家和语言使用家在高层次上是一致的。

我国古代起初大概只有哲学,语言学也从属于哲学。后来,大概分出了一个文史学,语言学在文史学里面。现在语言学的学位可能还是在文学里面的。古代一直到现在的传统,文学好的,语言学也不错;语言学好的,文学也不错。叶圣陶的语言学很好。老舍关于语言学也有很好的见解。王蒙的长篇小说《活动变人形》里的主人公是个方言学家,要没有一定的语言学的学问,王蒙可不敢这么写。

方光焘是大语言学家,主要研究语言学理论。他是创造社的元老。我读过他写的小说。我在南京大学念书的时候,终于有一天听他谈谈文学了。1959 年 10 月 23 日下午,方光焘给系里青年教师示范教学分析鲁迅的《示众》。一个大教室里,我们汉语言文学专业二年级班的 60 名学生作为教学的对象。几十名青年教师坐在我们后面。

方光焘先是说他抽烟很厉害,年头又长,什么烟一到他那儿,他就知道是哪一类的烟,不用看烟牌子。联系到看文学作品也是这样,读多了,也能辨味儿。他说《示众》里没有什么人物,也没有什么故事情节。小说里写的是闷热、沉闷、单调、窒息。小说里反复出现的是一个孩子的叫卖:"热的包子咧,刚出屉的……""荷阿!馒头包子咧,热的……""刚出屉的包子咧! 荷阿,热的……""热的包子咧! 荷阿! ……刚出屉的……"他说,他不同意魏金枝的意见,他认为《示众》是一篇描写气氛的小说,可以叫氛围小说。他说契诃夫的《马车夫》说一个马车夫的儿子死了,马车夫想跟别人说说。他跟乘客说,乘客不理他。后来,他对马诉说了。周立波的《山那面人家》,写许多人去山村的新婚夫妇那里闹洞房。这都是氛围小说。说到《示众》的主题思想,方光焘说他跟周遐寿的看法有些分歧。他认为,《示众》说的是把人们吸引进去了,而人们又有摆脱的要求。

方光焘说了两个小时,我们听得神清气爽,既觉得亲切入理,又觉得通篇大的创见里包含着许多小的创见。我们听方光焘的报告,经常觉得他说的里面某个小问题,哪怕是随便举的一个例子,到我们手里都是可以写文章的,可是一看他后来发表的文章,那些内容全没有了。他站的层次真是高得多。斤斤计较于小东西,层次高不到哪儿去。

方光焘那时候是对我们二年级本科生上的示范课,它的示范意义应该是长久的和多方面的。对我的示范作用一直延续到了今天,上面方光焘说的内容,是我几乎凭现在的记忆写下来的。

八是开放式地做学问。

我们喜欢开放式做学问。因为我们没有什么要藏着掖着的,一个人几个人不能包打天下。不这样做不出学问,原来有的那些学问也会丢。

我们有些心得了会跟别人说,别人也会跟我们说,相互启发讨论补充,都提高了。饶长溶一高兴了就叫我去,一杯清茶,说话没遮拦,忘了喝茶,忘了时间。我们说的,几乎都不发表,自己提高了就行。那真是无穷的享受。

跟有的人说不上话,我们都不好意思多说的学术上老掉牙的内容,他会觉得闻所未闻,劝你小心。学术上我们听得耳朵长茧子的老掉牙的内容,他会作为新见露出一点点给你听听。

我当编辑的时候,有一位很有功底的研究人员,关门大约半年,写了许多近代汉语的词语例释,一看,几乎都不能用,他不知道人家几乎都谈了或者不想谈了。后来也没有看到他学术上有什么成就。闭关自守惯了的,不容易开放。

开放,就不能闭关自守。国家都开放了,我们做学问也要开放。

九是要重视访谈的方法。

应用语言学的许多方面,特别要注重访谈的方法。

访谈,可以发现线索。我们做一件不很熟悉的新的工作,常常要问问懂一些的人。这也是访谈。被访的人,常常还会说关于某某问题你再去问问某某人,这就是提供线索。这样,你会逐渐问到比较了解情况的人,情况会比较可靠。

可以知道真实的、进一步的、第一手的情况。面上说的跟真实的情况有时候不尽一样。你搞研究,不一定要说背后的情况,但是你不能不知道。

可以知道最前沿的见解。被访的人,不仅仅可能知道深入的情况,还可能有一些独到的见解。出版的论文和书其实是历史文献,有好多重要的内容里面是不写的。好东西都在一些人的脑子里面。网上扒论文,也是扒不出特别好的见解的。听大课,也不行。你要去访谈。征得被访者同意后,有些内容可以加注出处放在论文里。

访谈,就不仅仅是问。你也得谈。你谈得好,被访的人会把好东西都告诉你。这就是谐振,就是相互攀升。

尤其在北京,运用访谈这个方法很方便。很多大学者,看到年轻人很好学,很踏实,是很愿意接待的。有好多大学者答应了一些学生去访谈,可是这些学生一直没有去。

现在有的学生,连自己导师的许多著述都不了解。有的在探讨自己导师的某个见解出现的原因,你煞费苦心,往往说得不对,你怎么不去问问你的导师呢?有的学生说,怕导师烦他,他要探讨好了才去给导师看。导师烦过你没有呢?导师不愿意指导你,是导师的事;你没有找导师,那就是你的事了。导师就是让你用的,让你问的。还有,动不动就说导师忙,忙也得指导你啊。其实,有大本事的人也没有说过他怎么怎么忙。什么"百忙之中",那都是别人说的。

还有的学生见了大学者之后,感慨地说,他原来那么平易近人啊!可见得是你原先误解了。大学者没有不平易近人的。不平易近人的,就不是大学者。当然,要看近什么人,老是趋炎附势、攀龙附凤的,也不是大学者,连学者都数不上。

我希望我的研究生比较朴实,比较低调,对场面上的事没有多大兴趣。那方面不是不会,不是没有本事,而是没有兴趣。需要的时候露一手,还是高手。研究生是搞研究的,要有学者的气质,当然也不是书呆子。现在书呆子很少,往往是小聪明,自以为聪明,会来事儿。我不要这样的。对闲话也不感兴趣,不传闲话。比较多地看到人家的长处。对人有礼貌,尤其是对工友、对普通老百姓。对那些自傲的人,敬而远之。特别要讲信用,绝对不能言而无信,要很准时。晚到了,尽可能早地告诉人家。在我们里面这是天条。不能很好地跟人合作,还怎么搞好语言交际？还怎么搞好语言研究？我还希望我的研究生自主能力强,做学问善于调查研究和思考,甚至有点倔脾气,有点倔劲。

今天说得太多了。说得再多,也只是提示、预告一下。

学习和研究应用语言学历史的意义和方法*

这个题目,我 2007 年和 2008 年大概也在一年的这个时候,给一些博士生上课说过。那时候说得简单一些。今天几乎可以说一个下午,还是头一次。

先说说学习和研究应用语言学历史的意义。

首先是以史为鉴。

学习和研究应用语言学历史,本身是学问。

早几年,有一位别的专家指导的博士生要开题了,主要是研究清代办外语学校的经验教训的。她大概听到了什么议论,想更加坚定她的认识,问我:"这可以作为一篇博士论文吗?"我听出了她的言外之意是:"研究应用语言学历史,里面有大的学问吗?"我回答说:"可以作为一篇博士论文。"言外之意是:"研究应用语言学历史,里面有大的学问。"

我们古代只有哲学,语言学从属于哲学。过了很长时间,语言学从哲学里独立出来。后来又进一步从文学、历史学里独立出来。语言学当初跟哲学在一起是有道理的,语言学很像哲学。语言学当初跟文学、历史学在一起也是有道理的,语言学者自己的语言使

---

* 2009 年 3 月 3 日在中国传媒大学"应用语言学的历史及理论"博士生课上的演讲。

用要好,中国古代文史不分家,言之有文才能传之久远,久也是历史。我们今天的语言学者要跨学科,首先要跨哲学,再下来要跨文学和历史学。跨别的学科,例如数学、物理学,是更下位的事情。不要上下倒置。语言学及应用语言学者不重视哲学是不对的,不重视文学是不对的,不重视历史学也是不对的。有的人怀疑研究语言学史有没有学问,他本身就是不太懂得历史。历史就是动态,动态才有历史,这样怀疑的人自己有多少学问?

我们现在的情况,是学习和研究语言学及应用语言学历史还有许多不足。

一种倾向是对过去不太清楚。

我们常常说一些车轱辘话、车轱辘论题。说过了,过个几年又来说一下,往往没有多少新东西,甚至还没有以前说得好。例如关于所谓"纯洁语言"的问题,还有外语使用的问题、网络语言的问题。不是不需要谈了,而是总要谈些新情况新问题新认识吧。出现这种情况的原因很多,不过可能也跟这个倾向有关。也有这样的情况,他研究一个项目要花好几年,起初研究的时候他是注意了新情况的,研究是有针对性的。可是,在研究的过程中又有新情况出来了,他没有及时注意,就说了比较旧的看法,缺乏针对性了。

还有一种倾向是动辄贬低过去,抬高自己。这是很不好的。

不少文章说语言文字工作过去主要是有识之士奔走呼告,新中国成立了才成为政府行为。不一定吧。语言文字工作历史上就主要不是政府行为?其实挺怪的,如果要说我国历史上如何如何重视语言文字工作了,他们又会说秦始皇如何如何,古代帝王如何重视说官话。他们里面有的人没有定见,需要什么就强调什么。甚至有人说过去的有些语言文字工作跟新中国成立后的相比如同"游戏"。也不见得吧。拿 20 世纪 30 年代的推广普通话工作来说,值得我们今天学习的地方也还是不少。

我们常常说"空前",例如空前活跃。你怎么知道这是历史上最活跃的?

不少语言学者对中国古代的语言学和语言学理论也知之不多,往往是读第二手材料,不少是推崇荀子的"约定俗成"之类,反思也不够。什么约定俗成?你有约定俗成,我还有约定俗成呢。要有层次观。还有,都俗成了,怎么变化发展和创新?约定俗成谓之宜,新的还没有约定俗成都是不宜,还怎么鼓励创新?新的要等到约定俗成了才谓之宜,跟"追认观"不是差不多吗?还有,其实不少重要的语言或者跟语言有关联的或者包含了关于语言的认识的哲学思想,不全在关于语言的论述里。东方哲学里的论述更多。我们关于这些论述也要借鉴,也不能套用,但是进一步了解、梳理、熟悉、研究这些,总是中国和东方语言学者不能推辞的任务。总不能主要靠西方人来了解、梳理、熟悉、研究这些吧。何况里面有很多宝藏我们这些后人认识得并不充分,而我们中国人认识这些并不会比认识外国的理论更加困难。

有几年,不少人热衷于萨特。我也看了看萨特的一些书。我觉得萨特的许多谈论,我们中国古人说过了,还说得比萨特好一些。我还听有的语言学者说,他读了东方的一本什么书,发现我们今天谈的许多语言学的话那本书里早就谈过了。

现在博士论文头里有一大段是前人研究的综述,大概有一两万字。千万注意不要过于贬低前人的研究而夸大自己这篇论文的重要。跟前人讨论,不要看到多数前人的认识不高就断言前人认识不高,不要逮到前人几句低层次的错话就批一通。要看前沿的,要重在建设,重在解决现实的实际和学术问题。

我看到一篇论文,不是定稿,说前人什么地方没有研究到,今天我来研究了。是啊,有了这一段,下面才好说我这篇论文有什么重要意义啊,有什么重要创新啊。

可是，刊物上发表论文的时候一般是不要头上那一段的。我也当过很多年的编辑，我们看到类似的说法很不喜欢。我们常常有一种不好的倾向——贬低过去，似乎贬低了过去才好显得我们是空前，是开创新时代、新局面。有时候把前人说得很傻。但是，也把我们自己说成是傻子的后代了。把我们说成是傻子的后代，对我们有什么好呢？我跟那位研究生说："你能不能换个说法，说前人已经研究到哪一步了，我尝试着再做些进一步的探讨，换一个角度。"其实，学术上从历史的高度来说，前人、古人往往并不很傻，我们自己常常傻得出奇。我们不知道古人、前人是怎么说的，动不动就自己是首创了。另外一方面，也不要以为古人、前人说到头了，搞两个凡是、三个凡是。说我们是在古人、前人的肩膀上攀登，不如说我们作为整个人类又长高了一些，那是整体的生长、显现。要做到这一点，一定要吸取整个人类的已有的成果，起码是主要的精粹。这样的发展，主要是建设，而非主要是批判。

有的问题前人没有研究到，可是他那时候已经研究到某一步了，对学术上的贡献是很大的，影响也是很大的，是很了不起的。我们有的论文，说是有多大创见，论文出来多少年了，好像也没有什么影响。有的影响要等多少年以后看，有的说多大的创见可能说大了。其实，我们有一些创见就不错了。即使有多大创见，也用不着字面上那样吆喝。

还有一种是盲目探索。

有一年，我参加个优秀论文评选。有一位评委在会上说，有一篇论文说得很好，可以评一等奖，建议我好好看看。其实那篇论文我看过了。我发言说，那篇文章大致说得不错，不过，都是别人说过的，最多评末等奖。有评委说，人家说过的话也需要再说啊；文献浩如烟海，我们怎么知道别人说过没有？后来我说，第一，这是论文评选，不是普及性文章，论文就要有新见。人家说过的话不是都不要说,但是,重要的学术见解,人家说过的不要多重复和展开。有多少新见,写多大的论文,不要把论文写成水注肉或者肉注水,有那么一点新见,可是水分太多。第二,不清楚前人说到了哪一步,敢写论文?不知道前人说到哪一步,怎么评选?如果在《中国语文》《语言文字应用》一类的学术杂志上,发表了别人说过的、没有什么新见的论文,那是事故。

写论文,一定要知道前人说过没有。这是基本功。办法是由近往远查阅。一般好的概论、专著、专论里会说到起初是谁说的。

这里要注意几点。

一是含有新的理论价值的语言现象和新的语言学思想,起初都是少见、散见的。如同大部队到达之前都有尖刀部队甚至侦察兵。所以,前沿的都不是大批的或者流行的。我们要重视少见、散见的那些现象和思想,要比专著、专论更加重视。

二是不要以为现在书里或者论文里还没有谈到的,都是你可以研究的问题了。可能这些问题有些学者已经研究多年了,他很快就要有很好的成果拿出来了。

前沿的语言学问题和语言学思想,往往在前沿的专家的脑子里。网上能扒出前沿的语言学论文来?所以要重视访谈前沿的语言学者。

还有,我们必要的博士生的课程恐怕还是要开。我们有的博士生,对已有的文献不熟悉,有的文献没有看过,可能在参考文献里列个目录,实际上没有参考过。我什么时候参加博士学位论文答辩的时候,看到文献里谈过而博士学位论文里没有谈到的,我可能都会问问那个文献的主要内容。

第二,学习和研究历史,主要是把握现在和未来。

学习和研究历史,是要认识规律。我们研究的是现象和条件的关系,这就是规律,这个规律是一定的。历史会有惊人相似的重演,因为条件相似所以现象相似,但是都不会相同。好像弹簧,竖看是一个圆,横看,就不一样了。所以研究的角度要纵横交错,不能只看平面、静态、共时。时空不同,条件不会完全相同,彼时空的不会在此时空完全适用。我们说历史的检验,这个历史是相对的。释迦牟尼也没有说他的一套一直适用,达摩也只说他传到六世。所以,我们既要联系历史状况,看到它的长远的历史意义,又不能照搬。

历史本身是含有一定理论的。史论本身是结合的。我们常常说要史论结合,是要求治史的人特别注意这一点。历史里面有事实,有规律,就有一定的理论。史不只是用来说明理论的材料。

要注重历史规律。忽略了时空,忽略了比较,中国会误读世界,世界也会误读中国,中国也会误读自己。正确的基本形势的估价很重要。例如中国现在到底强大到什么程度了,汉语在世界上的地位和影响现在和不久到底重要到什么程度,有的估价差别太大。对于一个事物,不同的估价,会有一连串不同的认识和做法。这在历史上也是有教训的。

第三,我们都要提高认识。

我们的认识往往有局限性,往往把带骨肉当作活猪。关于语言学和应用语言学的认识,我做过几次检讨。有几次是公开发表的。有几次没有公开发表,但是也说过好多次了。例如,关于语言内核外层互补说,我引《易经》里的话说"天行健""地势坤"。其实,那是一个范围里的认识。即使在这个范围里,也不一定对,地心里面是熔浆,温度很高,运动很快。宇宙里光是地和天的关系吗?在某一个层次这么说有道理,换个层次可能就不是那么回事。换了个层次还用那个道理来套,就乱了。乱了,就需要研究,这样的研究才是有价值的,整齐的反而不一定层次高,整齐的就简单化了。你完全信整齐的,可能就上当了。

记得1998年夏天我们在黑龙江大学开语言应用的学术会议。在一个小组会上,有了不同意见。主持会议的尹世超说,我们的血管是弯曲的,有人不喜欢,认为不规范,总希望把它拉直了。我很赞同尹世超的意见。

还有,我赞同过一个语言哲理化的广告,说人生是不断优先选择的过程。其实,人生更高的还是顺乎自然。"适者生存"不能概括所有。

讨论到应用语言学本身具有理论的时候,我说到每一个层次的应用(实践)里都包含有下位层次的理论。一个层次的理论,指导它下位层次的应用(实践),还要接受更多的应用(实践)尤其是新的应用(实践)和上位应用(实践)的检验、补充、修正,上升到高于它的上位应用(实践)的理论。这里后来有一个认识,就是任何层次的应用(实践),不仅仅含有它下位层次的理论,还含有它上位层次的理论。

我现在还有个想法:文化的审美也是多角度的。例如说刘备,有的说他会哭,有的说他重人才。曹操,奸诈、足智多谋、重才、讲义气。又说唐代强盛,又称赞薛刚反唐。有的不要针锋相对。有的人和事本来就是多面性的。也不要以一面推翻其他。

还有,我现在的认识,认为思维也是一种物质运动。

此外还有策略上妥协的。我做过几次妥协。例如,起初说"动态是语言的本质特点",后来改了。还有,把"预测观"改成"前瞻跟踪观"。还有三四个博士生的学位论文改了题目或者内容。还有,我参加过不少别人的论文答辩、课题论证和结项鉴定,那些大概够条件了就行了。一定的妥协也是很重要的。我们语言工作有时候要妥协、要让步。有人说把动态叫语言的本质可以,叫本质特点就不好。那么我们就把"特点"拿掉,这样团结了一大批人。有时要妥协,要考虑天时、地利、人和,都是在磨合。有时推进一点更好的话，就推进一点，这叫顺乎自然。

还有一些是暂时就这么说吧。

还有，有的比较重要的认识，我还没有阐述。总不要把事情做完，把话说完。有些认识，这一辈子都不说了，也没有关系。

第四，是做好史官。

几千几百年的历史很难考证了，有时候几十年几年的事就不太搞得清了。如实记录、整理一些史实还是很有意义的，叫一些人说话做事注意一些，别太放肆了。我相信有前因必有后果，有后果必有前因。我认为这是唯物主义。前因后果简单对应，那可能是机械唯物主义。认为说话做事可以不计后果甚至不承认有后果的，绝对不是唯物主义。我们有的官员在语文政策方面也应该有问责制。还有，我们订的具体指标，如果没有完成，也要有个说道吧。想不负责，那不行。你也不可能不负责，负责是各种各样的，大家对你说的已经不当一回事了，也是一种后果。历史不一定是史书，历史更广泛，有的在人们的心里。我们自己在这方面也要注意。

关于语言工作带有方针政策性的问题，有的负责人说话还是要谨慎一些，说错了之后改了，或者换一个说法了，还是多少要说明一下。

记录历史，古代叫史官。史官要有一记一，要正直，还要有态度。史书上有不少称赞史官这个品格的文字。史官不限于一两个人，群众是史官，人们心里有杆秤，人间自有公道。有许多事情人们一下子是看不清楚的，一时是不公道的，需要社会的历史的检验，需要放眼量。当前有一些史官也好，好叫有的人说话做事别太放肆了。

我前些年给硕士生上大课。有的硕士生在外面兼职。他们有时候会在课堂上问我，说他们那里的上级常常发一些通知，说某某说法是不规范的,不许说。他们有时候想不通,问我什么道理。

我们首先要讨论某些语言现象、某种说法或者做法是不是允许存在。如果允许存在而且还要用好,我们就可以一起探讨用好的办法。你不允许存在,上纲上线又那么厉害,缺少后者的条件和气氛。所以,用得不够好,前者是有一定责任的,可是又成了前者的口实。你别忘了,你是领导部门,你是领导者,你要负责的。

还有的部门,看样子也不想真正解决问题。有一阵子,出现了一种语言现象,那个有关部门问到我们了,我们说了看法,还说可以授权我们进一步调查研究。结果就没有下文了。

第五,是相对修复历史。

要联系历史而又站在今天的高度。历史,有时候一时认识不清楚,后来人可能会修复对历史的认识。过了很长时间了,我们的认识也会有局限性。还有一些事情,过了几天就搞不清了,过了几百几千年就更搞不清了。这种修复也是相对修复。

我们回顾过去关于语言问题的讨论,要结合当时的情况,但是也要考虑站在今天的高度。不完全是用历史上那个时候的认识来评述历史,也不完全是用今天的高度来批评过去的认识和做法,主要是把今后的事情做得好一些。总不能过了五十多年了,经过那么多的变化了,还认为五十多年前或者五十多年来的那么多提法全是对的。我们总要进步吧。整理和研究历史,主要是把握现在和未来。有人说,研究的历史都是当代史。这可能是说,一要考虑到当代,二也要站在当代的高度。

什么是今天的高度?是今天的制高点。

对待历史的见解,要有历史的眼光,也要有现在的眼光。评价历史人物和著作,要放在那时候的背景来历史地分析,但是评价者是生活在今天的,今天的评价比那时候的人的分析总要进一步。再说,评价历史人物、著作的目的是什么,研究历史的目的是什么,是针对今天的,是为了把握今天和未来。

例如,语言的任意性。恩格斯认为偶然里有必然。语言任意性一说到底对不对?我们不是打语录仗,这个问题不能回避。我们也可以不同意恩格斯的这个说法,但是总要说出一些道理来吧。灵活性、多样性不等于任意性。必然性不等于刻板、划一、简单化、机械唯物主义。例如,索绪尔那时候那样认识是有原因的,但是不能认为有原因就等于是对的。什么事是没有原因的?认为有原因就是对的,涉及思想方法问题。

还有的语言学的书,作者改过了,改得好,但有的人还抱着改过之前的书不放,不许别人不同于他自己。这很怪。作者活着,可能修改,作者或者作者之一不在了,没法改了,有的人更是抱着那个不放了。这不见得是尊重作者,而是自己习惯了那一套,不肯动自己习惯的认识和做法。

即使是引用,或者阐述别人的意思,或多或少都有历史剧的味道,或多或少不是别人的原意而有引用者或者阐述者的意思。

还有一点,学习和研究应用语言学历史,要重视发展语言。例如,1978年以来,汉语发生了很大的变化,今后还会发生更大的变化,可以说汉语新陈代谢进入了当代汉语时代。我们生活在当代汉语里。汉语要进一步走向世界,要有很多条件,例如要好好研究汉语的发展。重视发展语言,或许还是对我们学习和研究应用语言学的重要的检验。

我们再谈谈学习和研究应用语言学历史的方法。

第一,联系社会的许多方面。

例如,新中国成立后许多语言观跟社会大背景具有密切的关系。我们的社会语言学不仅仅研究社会跟语言的关系,还包括社会跟语言观的关系。我们对语言学之外的许多方面要有一定的了解。

第二，上面说的是横的联系，还要注意纵的联系。

我们学习和研究一个时期的历史，例如一百多年来的中国应用语言学历史，要放在一定的世界的语言学大背景下面来学习和研究，还要放在几千年的大背景下面来学习和研究。

说一个具体问题，就是搞一个自己的大事记。1996年，我在书海出版社出版了《二十世纪的中国语言应用研究》，我自己编了个近百年的大事记。我在《路途和手段》（中国经济出版社，2004）196—199页里说过这件事。后来我延伸到了网络语言研究和别的一些课题里。有一个有关的大事记，脉络清楚，不容易乱。

上面两个方面要联系起来。例如，许多方言里保留许多古汉语的成分，普通话从一个方面看是吸取方言的营养，从另外一个方面看可能同时是吸取古汉语的营养。因为都是汉语，无论从方言或者从古汉语吸取营养，能吸取的可能性都是很大的。

第三，要深入了解真实情况。

不要前呼后拥地人家说几句你就表态支持，这样，人家背地里可能会笑话你。了解真实情况，这里学问很大，但是似乎又不是很难的事。真实情况摆在那里，有的人就是不想看。真实情况里才含有规律，你不看真实情况怎么掌握规律？怎么正确办事？有的人，你跟他一说就知道他不怎么了解真实情况，可是他又不怎么下来深入了解，这样的人办不好事。

央视财经频道播了一则广告，广告词是："识得庐山真面目，只有亲临此山中。"我觉得这个说法很有意思。不识庐山真面目的过错，不是只缘身在此山中。不到庐山，是不会识得庐山真面目的。我们不要过于迷信所谓的旁观者清，忽略甚至排斥当事者。身在庐山而不识庐山真面目，可能是在庐山时间还短，对庐山认识还不够，可能还有别的原因，例如认识方法有问题。只有深入生活，才可能高于生活，不可能脱离了生活或者做生活的所谓旁观者反倒会高于生活。认识生活,实际上是跟生活的共振。识得生活的真面目,实际上是跟生活的谐振。

还要勤快一些,注意收集很有价值的不一定在大报大刊上的资料。例如《课程·教材·教法》1988年第8期头一篇,刊登了吕叔湘的《怀念圣陶先生》,其中第2页上有这样的文字:

> 1951年2月,我母亲在上海去世,我奔丧回南。回到北京,家里人告诉我,圣陶先生找过我,说有要紧事儿。我去了才知道是要写一个讲语法的连载,在《人民日报》上发表,主要是供报刊编辑以及一般干部参考。发起这件事的是胡乔木同志,他曾经问过语言研究所,语言研究所不愿意承担,才找到圣陶先生,圣陶先生说可以找吕某人试试。这就是《语法修辞讲话》的由来。这件事在我的生活中形成又一个转折点。1952年高等学校院系调整的时候,我被分配到语言研究所,做语法研究工作,还在人民教育出版社兼任一名副总编辑(圣陶先生是社长),照料语文课本的编辑工作。如果没有《语法修辞讲话》这件事,很有可能我会跟着清华大学中文系并入北京大学,或者调到别的大学去。
>
> 《语法修辞讲话》给我惹出许多事儿。首先是到处邀请做报告,其次是回答纷至沓来的读者来信。过了几年,好像没事儿了,忽然有一天接到圣陶先生一个电话,说是某方面的指示,要写一篇批判《语法修辞讲话》的文章,并且点名要圣陶先生写。圣陶先生在电话里说,这篇文章他不会写,"解铃还是系铃人,还是请你勉为其难吧。署名当然还是署我的名字。"这可把我难住了。对于《语法修辞讲话》我也不怎么满意,可是我的不满意跟那位不知道名字的发指示的同志的不满意,大概不是一回事。所以这篇文章很难写,既要让考官满意,也

得让挨批者不太难堪。好在已经过多次政治学习,如何发言才算"得体"已经多少有些经验。饶是这样,一千多字的文章还是写了一个星期,登在《人民日报》上,也不知道命题人是否满意。

收集这样的资料特别有价值。有关的,还有李行健在《语文世界》上就《语法修辞讲话》访问吕叔湘的访谈录。我还看到过杨树达日记里有关的记述。还有黄岳洲先生告诉我的有关陈望道的态度。还有一个是我听到的胡乔木讲到的事情:

1967年春天的时候,孟琮、我、刘坚去胡乔木家里要他说明几个问题。我记得他说到毛泽东读过吕叔湘、朱德熙的《语法修辞讲话》,认为这本书写得很好。

1968年初夏,一天上午我们好多人去献血,中午回到在沙滩法学所里办学习班的语言研究所。刚躺下,大组长把我们叫起来说有事情布置。我们献血的人特别反感。因为我们知道献血的人头上几天的休息特别重要,刚献完血的休息最重要。大组长不献血,折腾人。布置的是宣传队要大家准备晚上批判吕叔湘,原因是他在《语法修辞讲话》的头上说有的名家也会有语言使用方面的问题,这是影射毛泽东。

我一想不对头,找到宣传队说了胡乔木说过毛泽东认为《语法修辞讲话》写得很好。过了一会儿,宣传队把孟琮、我叫到一起,孟琮又把胡乔木说的那段话详详细细说了一遍。晚上的批判会没有开,后来这个主题的批判会一直没有开。吕叔湘说有的名家也会有语言使用方面的问题,倒给了我许多启发。

要及时收集、记下、整理这些材料。我们做这样的工作,往往没有复印笔,很辛苦。有什么办法呢?应用语言学的田野调查更辛苦。这里顺便谈一下耕耘和收获的问题。

我给一位朋友发电子邮件,说起北京真的是秋天了,但是我还是喜欢夏天,夏天是劳作的季节。后来在她的日志上看到她喜欢秋季这个收获的季节。

由此,我想,古人说的"只事耕耘,漫问收获"对不对呢?

别多管收获,干吗耕耘?怎么耕耘?怎么检验耕耘对不对呢,还不是看收获怎么样吗?

可是我又想,有的收获是一下子看不到的,或者是一下子得不出结论的。我们常常说,社会科学研究的成果要由社会、历史来检验。一下子否定,过若干年或者许多年又翻过来,这样的事是很多的。有的作品,到作者去世之后许多年才被认识到价值,这样的事也不少。我们的年轻朋友也遇到过不少这样的事:你的成果在这里否定了,到那里又肯定了。碰到这样的事,你耕耘不耕耘?

有的收获和耕耘的总的价值,耕耘的人起初也是认识不到的。我们常常是一分耕耘一分收获一分进步,到了一定的阶段了,回头一看,对原来的耕耘有了进一步的认识,但还不是很深刻的认识。认识耕耘的意义,也是相对真理呢。这样的情况下,你耕耘不耕耘?

有的耕耘的最后结果,别人一开始不跟你说,是要考验你、考察你。杜十娘有百宝箱,她从良了李甲也没有跟李甲说,结果考察出李甲不可依靠。我们的进步有层次,进了一步了,高明的人或者大自然才进一步点拨我们一些。点拨,是共振。我们层次低的时候,高明的人或者大自然只能跟我们说低层次的东西,说高了不好,不是他那里没有高明的东西。没有把耕耘的最后结果告诉我们的时候,我们耕耘不耕耘?

有的耕耘和收获不很对应。许多事"谋事在人,成事在天"。结果可能不行,你做不做呢?今年可能有灾荒,你播种、除草、施肥吗?

要得到大成功,还要知道大成功的标志。《道德经》说:"下士闻道,大笑之。弗笑不足以为道。"你想知道和得到一些真正的东西,总有人笑话你。你在科学研究里的探索,如果没有人笑话你,你就不算有比较大的成功。下士笑话你的时候,你耕耘不耕耘?

社会科学工作,至少是语言工作,讲究后效应,不讲立竿见影和急于求成,因为它有比较大的惯性,所以做事情要适度超前。尤其是队伍建设,更费时费力。一个孩子,你不知道他大了会怎么样,你也要好好培养啊,你要把他当作将来的栋梁来培养啊。你要不急于求成地培养他,培养他也有不急于求成的认识。过去说"养儿防老",其实过去和现在几乎所有做父母的都精心呵护孩子,全身心地投入,一点没有想着将来的回报。

于是我想,大概探索性的事情,要讲究"只事耕耘,漫问收获"吧。

这位朋友后来有一天的日志说,她一想起秋天这个收获的季节,就想起她家里人、亲人忙于收获,非常辛苦。哦,原来我们都喜欢劳作,她说的是收获前的劳作。哦,生活里的许多事包括农事,也要注重耕耘——劳作呢。

第四,自己要有一定的实践。

不要过于迷信什么"旁观者清"。要做当事人。要尽可能了解第一手情况,要努力参加一些事情。文字上的史料是有限的,背后还有很多情况。有的是我们没有亲身参加的,如果有条件,我们要重视访谈。实际上,我们有的很有条件访谈的也没有注意访谈。

跟前面一点关系密切的,例如,为什么说中国应用语言学出现的标志是1992年《语言文字应用》杂志创刊?一、费孝通在大概是《社会学》杂志成立的时候说,这个杂志的创刊标志着社会学形成了。一个杂志、一个刊物,往往是一个学科的旗帜。"五四"运动的

《新青年》杂志就是"五四"运动的旗帜。二、标志不要太多,如果只说一个标志,那就是1992年《语言文字应用》杂志创刊。如果有两个标志,还加上1984年语言文字应用研究所的成立。不要再说第三个标志了,标志过多,标志之间时间跨度过大,相互削弱。三、《语言文字应用》杂志创刊后对应用语言学做的贡献比语言文字应用研究所成立之初要大。在《语言文字应用》1996年的第4期有个五年的回顾,那是邢福义布置给几位学者写的。文章里有这样一个评价:把1992—1996年《语言文字应用》杂志发表的文章梳理一下,就是我国的应用语言学。1996年才说1992年是个标志,也是考虑到这个原因。

访谈是很重要的。有一次给博士生上课,由一个学生主讲新词新语问题,他分析了国际、国内、学识思想很多背景,其中举了我们的新词新语研究。我说,你怎么不来访谈我呢?费那么大劲,说得也不很到位,访谈我不就好多了吗?

第五,还要放得下。

有的当事者迷,那是牵扯到自己的事模糊了自己的认识。学者有时候当官,当好了总比不怎么懂的、不怎么好的人来当好一些。但是如果迷恋那个官位带来的个人的所谓好处了,恐怕就要考虑了。如果对那个东西无所谓,当一段官也是可以的。现在,教授、博导有的也多少是个虚幻的光环了,也会影响我们对问题的认识。所以也要无所谓,也能放得下。这样,或许,不是我们去认识真实、规律,而是跟真实、规律谐振了。

我们即使有了些发现,那也是历史的赐予,从我们自己来说,没有什么了不起。别人引了,没有详细出处,也没有什么大不了。但是,从我们自己来说,引别人的尽量要有出处,尊重前人和历史。

我们平时认识问题和做事情要有个时间的观念,例如别拖拖拉拉,别经常迟到,别常常误了下面要做的事情。做事情,常常不是一年做出来和三年做出来都可以的。常常是过了这个时间就不一样了。机不可失,时不再来。研究历史的人,特别要在做事情上面体现出自己是很重视时间观念的。

关于"语言问题驱动"[*]

说三个大的问题。一是语言问题的作用。二是我收集到的一些语言问题。三是我出了一些问题以及我对其中一些问题的初步认识。

先说语言问题的作用。

我们看到,《中国语言生活绿皮书》从 2005 年开始。据说还要出与此相关的蓝皮书。绿皮书主要是官方的,侧重语言生活调查的。蓝皮书主要是学者的认识,特别要"问题驱动"。我想,蓝皮书谈特别敏感的问题,可能不太容易,但是总要谈一些亚敏感的前沿问题,问题和意见总要有些锋芒。

一般来说,语言问题驱动了语言学术的发展。

我们不是坐在那里,一支笔,加上一个还好的头脑,苦思冥想"我要发展学术",就发展学术了。不是这样的。我们起初都是碰到问题了,经常是实际问题,我们希望进一步解决。我们会遇到各种阻力,那些阻力有的是有学术和理论做支撑的。我们会参考但是又不得不碰一碰那些支撑。我们会提出更合适的意见和做法。有时候我们把问题解决了一些,我们的认识也比原来的支撑进了

---

[*] 2009 年 3 月 10 日在中国传媒大学"应用语言学的历史及理论"博士生课上的演讲。

一步。既解决了一些问题,又发展了一些学术。或者是随着发展了一些学术,问题也解决了一些。是先解决了一些问题还是先发展了一些学术,两者的次序很难分清楚,就是相辅相成吧。如果碰到的是老大难问题,学术发展方面一般也会大一些。

在争论的时候,我们一方面希望对方心平气和,一方面希望对方提出不同意见的学术水平高一些。这样,引起我们思考,我们的学术发展也可能大一些。我们往往很难想出不同的意见来引起自己思考,引起自己思考的问题,往往是现实的争论中来的。

我们现在有个说法:不怕做不到,只怕想不到。我理解这句话的意思,前提是要想到那个方面去。拿媒体的发展来说,动力是人们交际的需要。你要有那个需要啊。各人的需要是不同的,但是总得有许多人现在需要,或者不久需要,或者应该需要。你没有满足我的需要,这里就是问题。例如,我希望我的演讲稿能成为文字稿。我可以想象我是在演讲,但是想象和现实还是很不同的,我在现实演讲的时候可能冒出不少新的认识,而且表达也更有味道。现在有语音转化为文本的工具,但是还不怎么实用。现在有录音,我希望我的现场录音一插上,就能出一个误差率比较低的文本,有个大概的稿子,我可以再调整。我想到了,但不是说谁一想到就立马做到了。我想,以后可能逐步做到。逐步做到,就是逐步解决这个问题。没有问题,学术也枯竭了。问题,是学术发展的驱动,是学术发展的动力。动力有大有小,要看问题的大小,要看需要解决的程度,要看人们关注的程度。动力大,一般说,学术发展可能比较大。

什么是学问?我们小时候,老师解释说,学问就是学着问。这个解释是很有道理的。我们上课,一般会留出不少时间给学生提问题。这是为了进一步更有针对性地解决问题,也是锻炼学生这方面的能力。提问,是很重要的能力。有的问题一提出来,学生就会鼓掌，说明提得好，有水平。我们也会从提问题的情况看出哪个学生水平高一些。如果提出了高水平的问题，我们回答的劲头也更足了。听的人水平高嘛，遇到可以对话的了，遇到知音了，我们也可以谈一些高水平的认识了嘛。高难度的问题，代表了一种水平，也可以调动现场的气氛，调动回答人的情绪。

这里还要说明一点。如果是访问，尤其是学术性的访问，我们希望的是交谈，访问者不要像记者那样几乎都是提问题。你也谈谈你的认识，尤其是你听了被访者一些看法以后的认识。一般来说，你有问题，就总会对这个问题有些看法的。还有，如果出一个访谈录，如果你主要是提问，主要都是被访者说，这个学术成果到底算谁的呀？所以，你也要多说说，而且你要说得也有相当高的水平。你说得水平高，被访者也可能说得水平高。

有时候我们觉得我们已经解决问题了，可是还有人一再提出这样的问题。例如，推广普通话不是要消灭方言，我们觉得已经说了很多理由，也有很多做法证明，足够解决这个问题了。可是我们还经常碰到有人提出这样的问题。有人可能不知道我们说的理由和我们的做法。但是，后来我们发觉，提问题的人也是有理由和根据的，这些理由和根据他可能说，也可能不说。解决这个问题不能只靠重复原来的理由，我们要针对新情况新思想做进一步的探讨。例如有一个问题，以后会不会事实上没有了方言？我不久前听一位学者说，方言总是要消灭的，他还不是说地球总会消灭的那样的事，而是说语言是要大同的。我们认为，以后世界的语言生活是多语多方言。不同的认识会有不同的态度和做法。这也是讨论的深入。所以，以后听到又提一些老问题，提的人水平又不低，你要小心了，这里话里有话，这里有伏笔，要我们进一步探讨。

梳理问题，也不简单，也会有很大的学问。

先说一下"共识"。共识都不会是高水平的东西。说大概其就可以了，不要轻易提共识。大概其也不会是高水平的东西。共识和大概其往往也是假设，历史上作为定论的说法也常常会被推翻的。学识探讨，不要追求共识。很多事情要有共识，很多事情不共识也没有关系，可能还更好。没有一点共识，不好发展学术，都共识了，也不能发展学术。学术发展主要靠问题，靠不共识。讨论不共识，其中有一些后来成了共识了，我们再进一步深入讨论还不共识的部分，学术大概就是这么发展的。

不共识，就有许多不同意见，就是问题。梳理一下各种意见，找出症结。有的就梳理一下，隐含着自己的一些倾向。有的提出一个深入讨论的思路。有的谈一些自己的认识。这都是学问，都是本事，都不容易。当然层次也有高有低。赵元任先生有一本《语言问题》（商务印书馆，1980），吕叔湘先生有一本《汉语语法分析问题》（商务印书馆，1979），都是语言学的经典著作。大概是"文革"刚结束不久吧，那时候汉语语法分析问题够乱的，都乱成一堆麻了。还有许多人不断自立新的体系。在现在中国地质大学主楼四楼，那时候是我们语言所的大会议室，吕叔湘先生给我们讲这个问题，把头绪理清楚了，谈了自己的看法，真是太有水平了，太有贡献了。

我也有一本《应用语言学前沿问题》（中国经济出版社，2006）。我曾经建议赵俐写一本《播音主持语言问题》。我认为学术见解有全息性，问题也有全息性，都代表了一个人、一个领域、一个时代的整体水平。

拿蓝皮书这件事情来说，问题驱动，还有它特殊的意义。

现在语言方面的问题还是很多的。开出个问题的单子来，请一些人先就一些问题做一些研究，发表一些见解，使问题的讨论逐步展开和深入。讨论展开和深入，本身也是逐步解决问题。有的问题就是认识造成的，认识提高了，现实问题就逐步解决了。再说,解决认识问题,也是解决问题的一个部分。

蓝皮书还不是一般的学术讨论和争鸣。那是希望领导和有关部门看到的,是希望影响领导和有关部门的认识和做法的。

还有,希望蓝皮书里的文章,尽可能多地拿出办法来,也就是多说说你认为应该怎么办,重在建设。

还有,蓝皮书里可以开列一批需要探讨的问题,供学者研究和研究生做学位论文选题参考。出个好题目可不容易。现在语言学和应用语言学方面的硕士生、博士生可不少,每年有好多研究生要开题。找个好题目不容易,还希望跟别的学者和研究生的选题不撞车,那更不容易。如果我们的蓝皮书开列一批题目,可以集中许多学者和研究生来研究,研究的成果又可以供蓝皮书用,那将是一举几得的事情。

我这个人同意不在其位不谋其政。但是,位置是可能变化的,是可能突然变化的,万一位置变化了需要你说说话呢?不需要你说的时候,你可以不说;需要你说的时候,你又要能说。所以你常常需要做好位置变化需要你说的准备。我在《中国语文》工作了21年。我们常常约稿,但是又常常做好约稿不能及时来的准备,就是找一个编辑先起草好了,大家讨论,万一约稿不来,这一篇就可能上了。约稿来了,这一篇一般就不要了。我是在这里得到要做好位置变化需要你说说的准备的锻炼的。后来又有三件事,促使我不在其位又做了可能要在其位的准备。

一次是1984年底,在南京大学中文系开纪念方光焘先生的学术讨论会。会后那天晚上聚餐,聚餐后要在大食堂里跟中文系的同学联欢,同学演一些节目。我和几个人坐在靠墙的后排,想开始一会儿了就溜出去,我们约了有别的活动。不料,那时候的副系主任许惟贤过来了。他对我说:"于根元,开始的时候你代表校友讲话。"我刚要推辞,他不容分辩地说:"还有五分钟,你安静一会儿,想一下。"他曾经是我大学毕业论文的辅导老师,他布置的任务,我能推辞吗?

一次是 1987 年 4 月,我随中国语言文字访问团访问新加坡。一天下午,主人安排我们参加一个由商会组织的报告会,主题是"华语在社会生活中的地位"。那时候我是语言文字应用研究所的所长助理,我带了两个稿子出去。一个是介绍语言文字应用研究所的,一个是谈推广普通话的若干问题的,准备在新加坡讲一个,接下来到香港讲一个。那天,我们在主讲席上坐了一长排,还有新加坡的学者。主席先让曹先擢讲。曹先擢还没有讲几句,台下有人按他面前的话筒提问了。后来知道,提问的是会长。那里不喜欢你长篇大论,他要你说他特别想知道的。他问:"我们新加坡,既学华语又学英语。学华语,是为了学习东方的道德;学英语,是为了学习西方的科学技术。请中国的朋友说说对这件事情的看法。"主席突然说:"这个问题请于根元先生回答。"球踢到我面前了。

还有一次,是 2005 年 11 月 15 日到 18 日,我参加了教育部和国家语委评估组对重庆市城区语言文字工作的评估认定。在这之前,评估上海市,柳斌是我们媒体组的组长,我是第一副组长。后来向上海市有关领导和部门反馈的时候,柳斌负责大组的反馈了,我负责媒体组的反馈。反馈大会的场面是很隆重的,反馈是很正式的,数据要很准确,意见的措辞要很讲究。每个组最多也就讲十分钟。后来评估天津市,我们媒体组组长是上海人大的夏秀蓉,她代表我们媒体组做大会反馈,讲得很好的。那次评估重庆市,我们媒体组组长还是夏秀蓉,还是她代表媒体组做大会反馈。我们小组对反馈的意见都讨论过了。下午大会反馈,中午,夏秀蓉突然很不舒服。午饭过后,工作人员说,要送夏秀蓉去医院看看,下午我们组的反馈发言由我来做。我说,把夏秀蓉的发言稿给我。稿子拿来一看,都是语结和一些符号。我立刻坐到会场去写文稿。好在我们是第三个发言。到我们发言的时候,我已经把文稿准备好了。这是救场。

后来,我就落下了这个病。不是我的事,我也容易瞎操心。

拿这个蓝皮书来说吧,如果要我负责,要快出,文稿一下子准备不出来,我想头两期可以出问题集,例如1期出100道题,1道题附500字的提纲,1期就有5万字了,再有一些文稿就够了。出了两期,文稿也就接上来了。这两期估计会有很多读者,效果一下子就出来了。如果不要我负责,主编也不这么做,我想,出版这么个十来万字的书,也会有很多读者。

每道题附个500字的提纲,还是可以做到的。我们出题的人,对这道题的意义和研究思路总是有一些考虑的。我们给博士生出入学考试题,不是光出个题就完事了。不是的。拿我来说吧,一个卷子出四道题,要出ABC三套,三套的题型和分量还要差不多,由研究生院去挑选组合出一套。每道题,我们还要附上参考答案和评分标准。例如,答到什么程度就不错了,如果能答到什么样应该给高分。有的还说明:这道题有难度,答到什么样就很不错了。

题要出得好,能考出考生的能力和水平,又不要考生花很多时间死记硬背。你出的题,学生会传来传去,我们以前在社科院研究生院语言文字应用系的很多考题是在杂志上发表的。

接下来,谈谈我收集到的一些语言问题。

基本上有两个来源:一个是我讲学的时候听众的提问,一个是我参加一些会议的时候会议提出的讨论题。

现在讲学,一般是讲一个小时,别人提问你回答半个小时。互动那半个小时很重要,别人提的问题一般都很有水平,属于思考题一类。你回答也更有针对性,要即兴回答,还不能娓娓道来,还要把背后问题和他需要提但是没有提的问题回答出来。有的人连提几个问题,我怕忘了回答后面的问题,就记下来,后来是几乎所有的问题都记下来了。我怎么回答的,没有记下来。提的这些问题,值得我们进一步思考。

为什么只有我们泰州这一带的人说"呆子"?

你认为我们教外国人汉语要注意什么?

怎样培养创新型思维?

说说文化和修养的关系。

为什么这次金话筒奖没有音乐节目的人?

这次青歌赛上有评委说,唱好外国歌,把外国话唱准很重要,你怎么看?

怎样才能做一个快乐的节目主持人?

我们也要举行类似挑战主持人的活动,你对我们参加挑战的学生要说什么?

鲍怀翘先生最近在南京讲学时说,近来播音员的语音跟传统说的有些不同。你怎样看待他的意见?你认为在新情况和传统方面尊重哪一个?

怎样培养大聪明?

你认为你自己主要是靠聪明还是靠勤奋?

你评价一下我们这些学生是不是聪明,或者说说哪个同学聪明。

是不是可以认为只有网络词汇而不存在网络语言?

可不可以认为我们的网络语言是中文加英文?

你关于导游语言有什么看法?

好像有时候普通话说得很标准并不很好,不如有一些方言在里面的普通话更有感染力,你怎么看?

网络语言都是有了网络才有的,可以这样认识吗?

同民族或者不同民族的语言差异是好还是不好?

应该提倡让小学生写检讨书吗?

在网上的文学作品不如纸质的读者多,有些网络文学的886,到了纸质里改掉了。你怎么看待网络文学作品和纸质文学作品的异同?

请你说说网络语言和对外汉语教学的关系。

语言习得的原理是刺激吗?

请你说说语言规划者在语言规划中的作用。

现在有人特别推崇实证的方法,文章里出现很多图表,你怎么看?

有人提出抵制强势语言的侵犯,你怎么看?

有人说字母词读音要汉化,你怎么看?

有人提出保护方言,你怎么看?

保护方言和推广普通话矛盾吗?

有些电视台增加了方言新闻,卖点主要是方言,收视率很高,你怎么看?

怎么处理好语言发展和规范的关系?

有的成语新出来一些用法,你怎么看?

我国网络和网吧发展是不是还有很大空间?

禁止小学生上网吧,怎么让小学生适当了解网络呢?

网络里"偶"这一类词是怎么来的?

词典编写是不是要考虑版权问题?

大聪明是先天的还是后天的?

媒体里有不少成语误用,你怎么看?

你怎么看待"此时无声胜有声"?

网络上新出现了一句话后面来个"的说",请你分析一下。

说说你最喜欢的一个广告语。

请你说说对中国语言学现状的看法。

你怎么看待现在中学语文教学里的语法教学?

关于"语言问题驱动"

保护方言,能不能使用方言教学?

你看郭德纲的相声吗?你认为他的相声怎么样?

我现场记问题只能记个大概,因为要马上回答,否则就会冷场。我的回答,我当然没有办法记了。2003年11月16日,我给武汉大学百年校庆名师讲座系列之一谈"语言内核外层互补说",我跟武汉大学文学院研究生的一些对话,王存美记录和初步整理出来了,里面有问题和我的回答。

研究生甲:我对您刚才讲的"语言内核外层互补说"很感兴趣,不过,我有几个地方不懂,要请教于老师。第一个问题是您刚才讲到的理论,主要是用来论述词汇的问题,那么不知道于老师您的语言内核是只包括词汇呢,还是包括语法、语音在内?

于老师:包括语法、语音在内。

研究生甲:哦,我知道了。还有一个问题,您刚才提到越是文化水平高的人使用语言的外层越多。而按照我们自己的定向思维来看的话,应该是越是文化水平高的人越重视语言的纯洁性,使用得也就越保守。比如20世纪我们熟知的几个国学大师陈寅恪、王国维、钱锺书等都是用文言文写作的,也就是说他们基本上只使用您所定义的语言内核部分,而基本不使用您所定义的语言外层。况且,现在使用语言外层比较多的人大都是一些没有多少文化的青年人。您对这个现象如何解释?

于老师:你说的那几位大师的语言使用我没有考察过,大概不至于保守,至少钱锺书的语言就很活跃。我所说的"文化水平高"是指观念新,那些青年人敢于使用新鲜词语和新的表达法,就表示他们文化水平高,文化水平高并不指读了几本书。相反,读书多的人如果不接受新事物,我认为他文化水平就不高,有的教授、博导不一定文化水平高。

研究生甲:哦,是我没有明白您"水平高"的所指,那么看来我们这些人还要向着"水平高"的方向努力啊！（师生同笑）对不起，我还有一个问题要请教。在语言规范问题上，我们知道历来有两派意见：一派主张语言纯洁，主张对语言进行规范；一派则主张任凭语言自我淘汰，属于放任自流派。刚才聆听了您的讲座，知道您和您的学生正在着手编《语言预测词典》，您还根据"幸福着你的幸福"类推出"安静你的头脑""青年着、夏天了、孩子过"等后面跟"着、了、过"的一系列名词性短语等，那您和您的学生似乎属于第三个流派，如果不揣冒昧的话，我想就叫作"推波助澜派"。您是否同意这个观点呢？

  于老师：首先要搞清楚什么是"规范"。所谓规范，指的是交际到位的程度，交际到位的程度是衡量语言是否规范的唯一标准。从这个角度来讲，主张对语言进行规范工作，对语言发展来说是好的。如果一种语言不能发展了，那是最大的不规范，我们为我们的汉语至今仍然有强大的生命力而感到无比的高兴。我们不是第三派，我们是正统派。我们是主张语言发展的，古有"神农尝百草"之说。可以说，阻碍语言发展的才是另类。

  研究生甲：我还有最后一个问题请教。我们知道，很多国家都很注重语言纯洁性，因为许多鱼目混珠的用语会造成语言理解与使用的混乱。我记得前不久在一篇报道里看到，法国文化部曾下令不准使用英语 E-mail 这一网络用语，而且还专门为此造了一个意义相同的法语词来表示"电子邮件"之义，这个词词形很长同时也很难记。您的理论中所涉及的一些新词新语等新的用法，有的是未曾出现而由您预测会出现的，那么我想请问，这些是不是与语言的纯洁性背道而驰呢？

  于老师：国外的事我们不太好评论，因为最终是借鉴，我们有我们的情况，我们有我们的条件。报道里说的"纯洁语言"，指在官方用语中不许出现外来词。我同一些朋友讨论过，朋友说外国人没有那么笨。还有说法国人碰到英语,怎样怎样反感。去年我到欧洲去了,也到法国去了,很多法国人说英语的时候,我看不出他们脸上很无奈,这也需要好好调查分析。另外,我们要干好我们的事,我们要解决好我们的问题。再说刚才说的还是外来词的问题,我们说的所谓纯洁主要是我们汉语的问题。语言是为不同层次的人服务的,人不纯就谈不上语言的纯;人掌握语言是有个学习过程的,学习的过程是一个进步的但又是一个还不到位的也就是不纯的过程;语言还要发展,发展了,人们又要学习;语言不规范现象也是会不断新生的;语言的不纯洁是语言新陈代谢的组成部分。我们赞成1986年1月全国语言文字工作会议提出的语言文字工作的态度和方法:顺乎自然,因势利导,做促进工作。首先是认识规范,按规律办事,才能积极地做促进工作。

研究生甲:您的答案使我茅塞顿开,谢谢于老师。

研究生乙:于老师好,我是学古代文学的,问一个可能是行外话的问题。刚才听了您和您的学生在编《语言预测词典》,我感觉很有意思。但是编一部这样的词典,对推动语言发展能起到多少作用,这个问题不得不引起我们的质疑,希望您能给我们多讲一些关于这件事情的意义。

于老师:要说的是,我和我的同事们在编写《中国网络语言词典》的时候,就遭到很多声音的质疑,甚至是反对。但是,我们认为,对于语言研究者来说,只要是有人用来交际的语言,都可以是研究的对象、研究的课题。现在我们编写《语言预测词典》,收词大概3000条左右,内容是根据交际事实来的。与此有关的内容,你可以多看一下赵俐的《语言宣言》这本书,我想你会对这个有更多的了解。

研究生丙:于老师您好,我是冯老师的学生。您对繁杂的语言现象做了高度的提炼概括,总结出一个"语言内核外层互补说",今天听了之后的确是受益匪浅。我想知道的是,您当初提出这个语言理论的时候,是否借鉴了自然科学的理论呢？您当时的心理机制是怎样的？还有钱冠连先生的《语言全息论》中有这样一个观点,他说,语言世界和自然世界在本质上往往有着惊人的相似,并且可以彼此印证。比如配价语法借用了化学科学中原子化合价理论,而您的"语言内核外层互补说"与化学中原子核、核外电子的结构及运动现象类似,您对此怎么看呢？

于老师:在考察新词新语的时候,我逐渐有了一种初步的想法,就是语言是由比较稳定的核心部分和比较活跃的外层还有中介物组成的,语言成分会在这些部分之间运动。这就是我这一理论的萌芽。所以我想说,这一理论是来源于实践的,当然,也离不开理论的指导。再回答你第二个问题,钱先生的《语言全息论》我看过,的确是一个很好的思路,我们刚提出的理论是"包含了全息论的发展论"或者是"包含了发展论的全息论"。语言与自然科学的确有惊人的相似。你刚才提到的配价语法理论的提出可资证明。我提出的这个理论的确与化学中的原子核、核外电子的结构及运动现象类似,但不仅仅是单纯的原子个体结构,不然我们就会成为机械结构主义。

研究生丁:在您刚才的讲学中,从大家广为熟知的歌词"幸福着你的幸福"不加任何限制条件就推导出"夏天着""科长着"等用法的合理存在;而我注意到《现代汉语词典》(增补本)在增补新词时收了"考硕"却不收"考博"。对于这个问题,假如站在《现代汉语词典》(增补本)编者的角度,您认为,道理何在？如果纯粹站在您自己的学术角度来编词典,您又会如何处理这对词呢？

于老师:(笑)干吗老要我来回答别人的问题呢？当然啰,《现代汉语词典》增补了甚至是字母词的一部分新词,这体现了编者的开放进步。但我刚才说过,别人怎么处理是别人的事。我们最重要的是默默地去做自己的事。

研究生丁：我的意思是，"考硕"与"考博"它们的推导性与您刚才的举例一样，推导性也很强。

于老师：《现代汉语词典》毕竟不是新词新语词典。考虑更多的不是推导性问题，而是社会的熟悉程度问题。你说呢？

研究生戊：于老师好，您刚才的讲座甚是激动人心，但是有一个问题是，词语的创新无疑会给中小学语文教学带来极大的冲击力，那么，作为一位语言学家，您认为，在中小学语文教学中应该怎样处理新词新语规范和创新这个看似矛盾的问题呢？第二个问题是，听说您这次是为推普工作而来武汉的，那么我想问一个有关这方面的问题，推广普通话是否就意味着方言的逐渐消失？是否会使汉语不再丰富而变得非常单调和贫乏？最后一个问题是，知道您和您的学生正在编《语言预测词典》，那么您是否考虑过这样一个问题，公众是否会积极地使用这些您预测出来的词？就像一些科技术语的定期公布一样，您是否也会定期公布和推荐一部分您所预测出来的新词新语呢？

于老师：从语言发展动力来说，求稳和求新是语言既能用来交际又交际得好的要求，语言能力是既求稳又求新或者说既趋同又趋新把握好度的不断磨合的能力，这种交际和能力是语言发展的一个动力。对于新的好的语言现象，作为语言工作者，我们应该及时地发现和介绍。对于社会上不好的语言，既要治理又要告诉学生那些是不好的；对于社会上不同的语言品种，要告诉学生先学哪一些，同时应当告诉学生社会上有不同的品种；对于学生还不宜知道的社会上的语言，想办法叫学生不要接触；对于社会上新的好的语言现象，要适时适度地吸收到学校的教学中来。至于第二个问题，我想不存在方言消失的问题，很多人既掌握普通话又会方言，在某些场合说方言。关于最后一个问题，我想说的是，一般基本词词典收词都会已经稳定在十年以上。做新词新语的编撰工作,应该思路放宽一些,步子迈大一些,同时工作应该谨慎一些。至于公众是否会积极地使用,要等着看。我们只想认准我们的研究方向,做好我们自己的事情。

研究生戊:非常感谢!

2008年12月16日,参加教育部语用司、语信司、语用所、语文出版社举行的"网络语言调研情况汇报会及《国家中长期语言文字工作改革和发展规划纲要》拟订研讨会"。这天研讨会的几道议题出得好。我发言说:我甚至觉得可以选一些作为博士生入学考试的题目,会上好几位都赞同地笑了。下面是关于需要讨论的《国家中长期语言文字工作改革和发展规划纲要》拟订的有关问题:

(一)研究新中国成立以来语言文字工作改革和发展成就、基本经验、阶段性特征、主要矛盾和问题,以及面临的形势和任务。

(二)研讨语言文字法制建设中的问题和建议。

(三)研究2020年语言文字工作发展和改革的战略目标、指导思想和工作措施。

(四)研讨当前制约语言文字工作发展的主要矛盾、问题和解决思路,对语言文字工作中长期改革和发展的保障条件和机制建设提出建议。

(五)研讨语言文字工作和个人素质提升的关系,就如何提高大中小学生、农村教师语言素质及国家通用语言文字立体测试体系建设等提出意见和建议。

这里要说明三点。

一是有时候具体问题的钻研可能是陷阱,我不会去上当。我不认为回答那些问题都是进步。碰到这样的事,我比较关心的是大的认识。很少碰到那样的情况,若碰到了,一般我叫对方保留自己的意见好了,我暂时不回答。

二是语言学术上有不同的见解,不要一一都去管。对具体的见解我们不是没有我们的看法,不是有了看法就要去说,就要"立场鲜明",就要"站队"。我们要注意有了一定成绩之后千万不要做"霸"。学术上应该有不同见解,要很宽容,要宽容、宽容、再宽容。我们语言学术上建设宽容的气氛比对具体意见马上发表看法重要得多。这是大的建设。我们对具体见解不马上发表看法这本身就是态度。还有,我们说重在建设,要在学术讨论中发展学术,不等于跟着各种见解转。不跟外国的某些情况转,也不跟中国的某些情况转。

三是不少人总希望把一个问题想得特别清楚,不然就怀疑整个提法。全想清楚,那不是绝对真理吗?不要这样要求人家,也不要都这样要求自己。例如,我们先谈语言的脉动、律动,具体怎样脉动、律动,一步一步深入研究。还有交际值理论、语感和论感的相互促进。都不完全是假设,都是有大的事实和理论根据的,具体操作也是有一些样子的。进一步深入,我们可能做,别人也可能做。一个学者,一定要别人做好了你才相信,你为什么一定只做裁判?你不能也做一些探索吗?我们没有完全做好你就不相信,你不相信好了,我们做的主要目的也不是要你相信,也不是因为你不相信了就不做了。即使做得很好了,也不要企图谁都相信。语言学习不是一次性完成的,语言学建设也不是一次性完成的,都处在中介过程中,只是希望探索规律比以前好一些而已。

下面说最后一个问题,我出了一些问题以及我对其中一些问题的初步认识。

我经常出题。例如,2008年10月我在华语教学出版社出版的《应用语言学教程》,在每一章的后面都有练习题和思考题。练习题是关于这一章的重点的,思考题就需要思考了,甚至是值得研究的题目。

2008年下半年，我给应用语言学的历史及理论和社会语言学两个方向的博士生综合考试出了十道题，还有些意思，抄在下面：

（一）请你谈谈你认为语言学研究的对象主要是什么，为什么。

（二）请你举一两个例子说说近30年来我们语言观的变化和社会发展的关系。

（三）请你举例说说近30年来汉语的变化和社会发展的关系。

（四）请你举例说说今后社会的变化会进一步引起汉语和汉语使用的哪些变化。

（五）我们要进一步发展海峡两岸的关系，请你举例说说我们语言工作应该做一些什么事情，这样做，对语言学的发展会提出哪些可以思考的问题。

（六）2003年到2004年，我们新闻发言人制度有了比较大的发展，我们还要进一步发展。请你说说我们语言工作者为此应该做一些什么事情，这样做，对语言学的发展会提出哪些可以思考的问题。

（七）2007年，国家语委有关部门公布了2006年的171个新词语，引起了有关方面的关注。你认为这件事要不要做下去，为什么。如果说需要进一步做，你有什么建议。

（八）关于我国农村的进一步改革，你认为会对我们的语言工作带来什么主要的变化，我们语言工作者可以主动做些什么工作来有助于农村的进一步改革。

（九）请你就我们的语言工作、语言教学和语言研究进一步为我们社会的改革开放服务提出一些建议。

（十）请你就我国30年来的语言工作、语言教学和语言研究做一个基本的估价，并且适当说说估价的根据。

下面我就第一和第九两道题，简要地说说我的看法。

先说第一个问题。

这要从钱串子和小钱哪个重要说起。我认为钱串子和小钱本来是在一起的,钱串子上串着小钱,小钱串在钱串子上。钱串子本身也值钱。语言里的钱串子不是粗细什么都一样的,语言里的小钱也分好多种。钱串子的不同部分跟串在那个部位的不同小钱是有关系的。我们大概可以从钱串子的不同部位探知那里可能是什么样的小钱,也可以从什么样的小钱探知它串的部位的钱串子可能是什么样的。

我们再说说语言学研究的主要对象。主要对象是规律,是语言现象和条件的函数关系,也是语言运动的秩序。这个规律和秩序是一定的。说明这个的,属于语言学理论。语言现象和语言理论不成为一对关系。语言现象和它的条件成为一对关系。或者说,语言现象跟它的条件的关系整个的才是语言事实。要改变条件才能改变语言现象。条件会有好几层。某些语言现象也可能是别的语言现象的条件。只是语言现象,不能说明语言运动的规律,一定要把语言现象和它的各种条件连在一起,才可能看出语言运动的规律。

把这个作为语言学研究的主要对象,理由是需要和有用。我们新时期的语言文字工作的方针提得很明确:使语言文字在社会主义现代化建设中更好地发挥作用。还有一点,科学研究的都是规律。

再说第九题。

最主要的是语言学者思想的进一步解放。

我们在30年前彻底否定"文革",思想大解放,语言学也得到很大发展。但是,发展的道路也很曲折,有时候困难很大。我们会考虑这样的问题:我们当初用来彻底否定"文革"的那些思想恐怕未必就完全正确,"文革"否定得也未必彻底。拿我来说,关于语言学的认识,我公开地检讨了好几次,那些被检讨的认识几乎都是那个时期以后的。我们这些人都有个不断进步的任务。我们不当的认识,发表出去还会影响许多人,我们的不断进步也会影响很多人。今天,在我们的语言学研究、教学和工作里,不能说左派幼稚病的东西一点都没有了,拿计划经济的一套来阻碍市场经济的认识和做法也不能说一点也没有了,脱离实际、做表面文章、瞎指挥的认识和做法也不能说一点都没有了。拿语言表达来说,新旧套话也不少,甚至脏话也不少。还有一个问题是,我们今天又要大发展,又面临一个进一步解放思想的任务。我觉得,我们的语言研究者,我们这方面的领导者和管理者特别要认识到这一点。我们不妨像当初"文革"结束不久做的那样,先调查研究,到底哪些东西阻碍了我们语言学的发展,到底哪些东西阻碍了我们语言学大发展里先进能量的释放。

记得是"文革"刚结束不久,语言所的党组书记熊正辉找我,要我找《中国语文》的同人谈谈,赶紧开出个那时候还是语言研究的禁区的单子来。我们开了个单子。那时候禁区是很多的。例如,对斯大林的《马克思主义和语言学问题》是不能提一点不同意见的,不能为结构主义语言学说一点好话的,只能说语言只起源于劳动的,不能说毛泽东、鲁迅的语言也是可以修改的。今天的语言研究是不是也有不少禁区。例如,有朋友研究官场用语,谁会发表呢?解放思想,是要释放先进的能量,发展事业。不要老纠缠在"差强人意、空穴来风"这些问题上,也不要老纠缠在新词语、网络语言这些车轱辘话题上。我们要重在建设,我们需要做的事情还很多。在一次会议上,李宇明说,我们推广普通话,需要调查研究到了哪个阶段会有什么新的情况出现,我们怎么办。这就是解放思想讨论问题。还如,关于我国农村的进一步改革,会对我们的语言工作带来许多重要的变化,我们语言工作者可以主动做些工作

关于"语言问题驱动"

来有助于农村的进一步改革。还有,我们要进一步发展海峡两岸的关系,我们语言工作应该做一些事情,这样做,对我们语言学的发展也会提出许多可以思考的问题。还有,我们需要进一步梳理近 30 年来汉语的变化和社会发展的关系,还要探讨今后我们社会的变化会进一步引起我们汉语和汉语使用的变化。总的是就我们的语言工作、语言教学和语言研究进一步为我们社会的改革开放服务提出一些建议、进行探讨。当然,需要一个比较好的气氛,有些人需要平等一些,谦和一些。不然,别说进一步解放思想了,人家连关于进一步解放思想的建议或许都不怎么愿意多谈。

下面还有一些零星的问题和想法。

例如,科学研究里,假设是很重要的。假设也有层次性。有的假设没有多少意义,有的假设有意义,有的假设意义很大。有的假设不怎么合理,有的比较合理,有的很合理。

例如,多数,有不同的多数;少数,有不同的少数。一些人往往笼而统之地看数量的多或少。频率统计往往不能区分同样是多数或者少数里的不同,而有的人区分出来了,这也是有时候要人工干预的一个原因。不同里面有一项是趋向或者倾向,这涉及动态。

例如,公理就是不用去论证的。学科评价的标准应该是公理。公理是道理和事实的结合,哲学就是基本事实和基本道理。有人说公理也需要论证,你去论证好了。当然,很多公理也有相对性。

例如,《国家通用语言文字法》里规定普通话是全国通用语言。这里还有通用语言与非通用语言,通用文字与非通用文字的问题。是否非通用语言文字都是不合法的、不规范的?方言怎么办?少数民族语言怎么办?这里都有个使用问题和认识问题。我们要完整地、正确地认识这个法。

例如,关于"语言优胜劣汰说"。事实上,有的占了位,更好的就不大容易出来了。有些被批评为不规范的,也是挺好的。"副+

名",比如"很郊区",有的语言学家自己也说的,但有的语言学家还是认为不规范。优胜劣汰也没那么容易。好的有的进不来,不好的有的生命力很强。病句哪个是最近才有的?生命力强的也有不好的。苍蝇生命力强,你怎么不喜欢?雷锋活的岁数不大。寿命长的人有好有坏,有不好不坏。不那么简单。

例如,关于简称,还要放在动态里、系统里研究。比如"邮编、邮码"。有的不整齐,是历史上留下来的,生出来的时间不一样。放在时间里看,很多人名字叫卫星、红旗等,这都是时代的反映,要放在时间里看。有人说"白骨精(白领、骨干、精英)、蛋白质(笨蛋、白痴、神经质)、新西兰(新疆、西藏、兰州)",可能也受字母词简称或者别的影响。

例如,我们以前是重书面语、重文字,认为它们水平高,要是不会写只会说,就说水平低。英语传播的策略是降低要求,水平低一点的也是英语,这吸引了很多学习的人。汉语也要客气一点,不要搞纯而又纯。不是要多团结人吗?学一点是一点,各人有各样的要求。

例如,语言的人文性、工具性不是二元的,事实上也可能是二元的。教学上,有的样品、示范可能是二元的。有人说,"从"是简化字,表示顺从。就不能并列,只能顺从吗?那"众"呢?学生们都回答"众志成城,抗击非典",这就是人文性了吗?

例如,2001年6月6日《人民日报》的社论许多地方不合适,我们看其中一段:还有某些地区没有普及普通话。那就是说有些地方已经普及了。后来知道这是某些人经常说的一句话。其实普及的只有北京,初步普及的也只有两三家,其他的都谈不上。那句话是不合事实的。

例如,现在小学生的普通话情况需要调查研究。小学生普通话曾经比较好不是天然的,是做工作做出来的,你一放松马上就滑坡。现在开始滑坡了没有？要真滑坡就不得了。一下子看不出来，到成了问题的时候就麻烦了。

例如，历史上汉语书面语跟口语怎么会分离的？除了书写工具还有什么原因？

我们汉语的书面语体跟口语体的差别比较大，不能说好，也不能说不好，就是那么个事实。我觉得，说话跟写下来的差别还是不宜过大，说的基本上成章，写下来的基本上能说。你说为了省时间你念稿子，念了一些嘴里一般不说的话，听的人昏昏欲睡，效果不怎么好，也不省时间。一般情况下脱稿或者没有稿子即兴说好了，应该说也是本事。

例如，把《人民日报》所有的关于语言的社论和评论员文章梳理一下，是很有意思的。把负责部门提出的关于语言文字的指标和完成情况梳理一下，也是很有意思的。

例如，我们还有很多语言资源没有开发。一种语言现象不是可以无穷类推的，但是我们现在资源浪费是很大的。我们对语言创新鼓励不够，在语言创新方面尝试和研究不够。

例如，语言本体研究也不是完全不谈语境的。它谈的语境跟语言应用里谈的语境不完全一样。语言应用研究往往也舍弃了不少语境，有些还是需要注意而不完全是可以忽略不计的语境。我们有时候谈语境，把语境也一定程度地格式化了。这些都是需要的，在需要的地方是很需要的。但还是不宜把带骨肉和一定程度脱境的活猪当成在群体里的自然状态的活猪，不宜把带骨肉和一定程度脱境的活猪的情况都套用在群体里的自然状态的活猪身上，或者要求在群体里的自然状态的活猪像带骨肉和一定程度脱境的活猪那样才是合乎标准。吕叔湘在《语言作为一种社会现象——陈原〈语言与社会生活〉读后》(《读书》1980 年第 4 期）里说："语言是什么？说是'工具'。什么工具？说是'人们交流思想的工具'。可是打开任何一本讲语言的书来看,都只看见'工具','人们'没有了。语音啊,语法啊,词汇啊,条分缕析,讲得挺多,可都讲的是这种工具的部件和结构,没有讲人们怎么使唤这种工具。"大体来说,即使我们是讨论语言应用的,今天也还需要进一步学习这一段话。

例如,同一事物,汉语不同地区的词语有同的部分,也有不同的部分。不必都同。差异有的也有必然的原因,这是需要好好研究的。有的地区的交往较长时期受到阻隔,词语差异较大。后来交往增加了,两地报纸和一些媒体的词语的差异缩小了,可是两地民间日常交往的词语差异还比较大。或许是民间日常交往的词语属于语言活跃的外层。这些差异,有的是近义的差异,有的是色彩的差异,有的是两者兼而有之,或许近义和色彩往往有密切的关系。

有的词语从甲圈子里刚跑到乙圈子里,我们有时候囿于语言观或者知识面的问题,说那些词语是不规范的或者是什么什么的。有时候我们到甲圈子里一看,那可能是一个大圈子,那里是用得很多的,有的是构成系统的,有的层次或许比乙圈子里相关说法的层次还要高。

例如,有一些词语是敏感词语,在有些时候有些场合用得很多,有些时候有些场合又回避使用。有的政治性很强的词语,不少基本词语甚至新词语的词典里也不收录。有的虽然收录了,释义等也淡化了。指称有些很有争议的人或事的词语,不少基本词语甚至新词语的词典里也不收录。有的虽然收录了,释义等也淡化了,例句里甚至用中性的或者不同评价的说法。新词语词典的作者,也不希望词典什么地方惹麻烦,也不希望词典显得比较左,也不希望词典过不多久什么地方显得错了、太旧了。指称有些很有争议的人或事的词语,你从哪个方面说都会不方便,释义就要很巧妙。关于这一类词语的收录与否、释义、引例,往往是词典编者的水平所在。关于这一类词语,光用流通度、频率就很不够,即使要谈这些词语的流通度、频率,也要看什么时候什么场合的流通度、频率。

语言交际的攀升效应[*]

以前有人提出过语言交际的合作原则。彼此总要有一点合作的愿望,有一点合作的可能,共同寻求合作点,扩大合作点,这才可能交际。共同,往往不是一半对一半,往往有一方主动一些,另一方也有一些合作的愿望。谈判、吵架,都是这样。否则就不交际了,连谈判都不谈了,吵架都不吵了。所以,语言学者特别要有合作精神,要礼貌,要平等,要体贴人,团结人,尊重人。我们还由此提出很多语言交际中要注意的地方和克服自己语言交际中缺陷的方法。

后来好像有人说,合作原则概括性不够强,叫关系原则比较好。

我们觉得合作原则这个提法好像还挺好的。

或许也是换个角度来认识语言交际,我们来说说语言交际的攀升效应,或者是攀升原则,或者是攀升理论。

这个说法不同于木桶效应。木桶效应是说,木桶的帮子有哪一边比别的地方低,水最高就存到那个低的程度,别的地方帮子再高也没有用。我们说的攀升效应不同,是指语言交际当中,我说的

---

[*] 2009年3月17日在中国传媒大学"应用语言学的历史及理论"博士生课上的演讲。

对你有帮助,你受到启发,你水平提高了,你提高了的认识又帮助了我,使我的水平也提高了。这样相互帮助,一边的升高带着别的部位也升高,彼此的认识往高的部位提高,你追我赶,越来越高。这有点像长跑中的交替领跑。水平高的认识起一个带动、引领的作用,是很有用的。你那里有一个高水平的人,你那里别的人就都有提高到那个程度的可能。那个水平高的人,往往不是鹤立鸡群的,往往不是像桂林那个地方从平地上就突起一座高山的。往往是那个地方别的人水平也挺高,像个高原,他比较高一些而已。不然,别人都特低,他怎么会高呢?人才都是辈出的。别人都特低,他也高不到哪儿去,因为他还缺少从别人那里吸取营养和带动、引领别人的本事。

我们想一想,我们平时的语言交际往往是不是希望提高自己的认识?我们比较好的语言交际是不是这样的?例如,我们跟某某或者某几位交谈,很愉快,收获很大,甚至觉得"听君一席话,胜读十年书",是不是因为这样的语言交际有了攀升效应?一般还不是你只是在听,对方像大圣人似的居高临下教育你、开导你,对方来"说",而你来"服",对方来"打",而你来"通"。不是的。往往是彼此很平等,平等交谈,你也为交际的攀升效应贡献了力量,对方也受到你的启发,对方也有了提高,你也有成就感。好的语言交际应该是这样的。不是你对对方佩服得五体投地,觉得对方高不可攀,自己觉得自卑,而是觉得我也是可以达到那个高度的,有一种我也要试试看、做做看的冲动。

我们举两个例子看看。一个是张炜小说《满地落叶》(《山东文学》1988 年第 10 期)里的一段交谈。"我"跟果园的女教师肖潇讨论了两个问题,其中一个是怎样判断一个人的修养:

她接上说:"一个人的修养怎样去判断? 当然有很多的标

准了,可是……"她停下来看着我,"可是有一条最重要的标准被人们忽略了。"

我问:"什么标准?"

"说不清楚。我只知道,一个人无论怎样高深,如果他(她)不愿亲近大自然,大自然也唤不起他的柔情,那么就不能算有很好的修养。"

我同意她的说法,进而补充说:"这对于一个人是太重要了。有人读了很多书,可仅仅把书作为生活的工具,也无助于修养。如果读懂了多少书还不能算作修养的最重要标准,那就只能把它与大自然联系起来去考查了。"(9页)

你看,肖潇起初还是:"说不清楚。我只知道……""我"是:"同意她的说法,进而补充说……"

读书也是一种交际,跟作者、跟书里面的人物交际。我读了张炜的这篇小说以后很有启发,写了篇《他先一步踏入果园》,收在我的《语言应用论集》(北京广播学院出版社,1999)里,说了许多感想。我也参加了这场语言交际。我还把我的这篇文章寄给了张炜,张炜还回了信。后来我还当面跟张炜说过他的这篇小说,他说他也很看重这篇小说。

第二个例子是我们的一次语言哲学对话里的,2003年3月1日在商务印书馆讨论"汉语新词新语整理和研究进一步面向世界",收在赵俐等著《语言的轮休和充电》(中国经济出版社,2005)里,主要是讨论2003年1月商务印书馆出版的《新华新词语词典》。这一次谈话有两万多字,我把其中比较充分体现了攀升效应的部分摘一些在下面,删掉的地方我也不注出来了,个别文字和标点也有改动。

周洪波　我们在编这本词典的时候,和赵俐有过交流。赵俐还到香港讲过新词新语。

赵　俐　于老师在语用所主持过"新词新语新用法研究"课题。近来又主持了"新词新语规范基本原则"的课题,在2003年第1期的《语言文字应用》上发表了这个课题研究成果的精华部分,文章就叫《新词新语规范基本原则》。这项研究成果有很多有价值的理论建设。周洪波、刘一玲、孙述学也是这个课题的成员之一。周洪波他们到商务印书馆汉语编辑室工作,并且担纲这次编纂《新华新词语词典》的重任。原有研究成果都继承、吸收到了这个项目中。语言观进步,服务意识强,学术勇气足,敢于创新。

于根元　这本新的词典体现了编者们以前对新词新语研究的理论成果,而且有所发展。

俞允海　《新华新词语词典》正是继承了优良的历史传统,又创造性地对新词语加以研究。它对于汉语词汇的丰富具有不可估量的意义。既有现实意义,又有历史意义,又有超越语言学的价值。

於　春　我同意俞老师的看法。这本词典的编纂有历史价值。

刘艳春　我国新近出版了《新华新词语词典》,并且计划每隔一年对词典进行增删、加工、推出新版,在我看来,这些都正是顺应时代潮流的明智之举。

苏向红　字母词列入正文是很大的进步,但在正文里只有一个,是否有技术问题。注音、排序可能有难处理的地方,所以才放到附录里。以后是否可以多放点到正文里。

于根元　正文的第一个词条是字母词"AA制",字母词列入正文这是一个进步,但是正文里也只有这一个字母词,如果是尝试,也可以多几种类型的。在附录里又出现"AA 制",体例上总是一个不妥。

周洪波　字母词反复了好几次。字母词也分层次,有常用的,有某些领域里的。AA 制、IC 卡、IT 业等词如果放到正文里,音序里没有这些音,所以,都放到附录里了。最后出片子时,我才决定将 AA 制放到首页,这样有一个新的面貌,好看,主要是一次尝试。网络语言也是如此,试一试,但还是有些问题。事先放的时候我们是想到的。

司红霞　我有个建议,我们教留学生的时候,往往需要按财经、房产、体育等分类索引,以后编词典时能否有这样的索引。

周洪波　这个建议很好。我们在做词典的时候也考虑到了。但大百科分为七八十类,我们想分成十几类,考虑到常用的。如果真的要分,要考虑类与类之间是否平衡。这次还是仓促,下次可能加进去。

于根元　我同意新加坡汪惠迪的意见,收词量还可以增加一些。

周洪波　收词上删得比较多。从严去掉一些,以后可能再捡回来一些。像"东突""国际恐怖主义"等词最后还是删了。语文百科兼收,最后解释还是语文性的。以后怎么滚动修订想多听听意见,想给新增的做标记,删掉的也有个词表。

於　春　《新华新词语词典》的收词范围似乎还可以扩大一些。

于根元　词典恐怕都要承担一定的道德评价的,《新华新词语词典》事实上是承担了道德评价的。要研究的是什么叫道德评价,怎样承担。例如,不收"包二奶"的词典在道德评价方面是不是就进步一些?这样一来,编这一类词典的人会不会多一事不如少一事？小学生词典要不要收"黑客"？还有用什么方式评价的问题。

刘一玲　于老师说，有的官员谈到词典是否承载道德评价的问题，任何词典都应该承载道德评价，承载时代的治学标准，承载编者的情感、品位……这么多人指责"包二奶"应该也是个问题。我们是不是还可以做些什么。

陈　茜　我想最后加一点，说说词典形式方面的问题。因为刚才周老师提到了，我也觉得形式跟内容是很有关系的，不能等闲视之。比如刚才司红霞老师提到的词条的分类问题，可以以符号的形式标记在词条后面。周老师提到的词语新颖度和发展趋势用符号表示的方法，都是形式方面我们可以借鉴和尝试的地方。

上面引的话里，有赞同，有讨论，有建议，有说明，有进一步思考。还有一个问题，不只是《新华新词语词典》出版之后，有关人的交际有了攀升效应，在编写的过程中也有攀升效应，编者吸收了很多成果而且有了发展，出版了之后又提高了别人的认识，别人又提出编者需要提高的建议，编者也在进一步提高。

上面是界定"语言交际的攀升效应"和举例说明。举了两个例子，一个是文艺作品里两个人的，一个是一次多人实际对话里的。

下面我们再从似乎有点理论层面的"振动"来讨论这个问题。

振动分不振、粗振、谐振。好像我们打开收音机找台，有时候没有声音，那是不振，或者对方没有这个频道，或者自己的收音机收不到。有时候收到了，声音不够好，那是粗振，也有彼此两方面的原因。有时候声音很好，那是谐振，也有彼此两方面的原因。不振、粗振也可能好，也可能不够好，跟很低层次的不振、粗振，就很好啊。跟很低层次的谐振还不如跟高一些层次的粗振呢。可见得,不振、粗振、谐振,都是分层次的。不过,我们总希望跟越来越高的层次谐振。

我们要探索高层次的未知,要跟那个高层次逐渐谐振。一下子做不到,我们就要学习,学习就是要跟那个高层次逐渐谐振。有个老师引路,我们的目的不完全是要跟那个老师逐渐谐振,而是要自己学会逐渐跟高层次谐振。不是"一日为师,终身为父",那是说说而已,当不了真的。我当了十几二十年老师了,从来没有把这句话当真,我倒听一些老师说,学生是一茬一茬的,像韭菜。我说老师是导游,谁把一般的导游终身为父了?所以,老师是拐杖,帮助你到了目的地就行。你也不要太迷信老师了,就像你问路,老师指了一下路,你不要太在意老师指路的手指头啊。不过,你也不要太不把老师当回事了,你没有导游、没有指路的、没有拐杖,有时候是很误事的。有时候你要到达目的地,是有时限的,例如什么阶段读几年。有的单位博士可以念到八年,那一般是指在职的,你不在职,经济情况又不很好,你能念八年吗?你多念一年也不行啊。

老师说的也不一定对。学生如果很自信、很坚持己见、心里很有谱,我一般也高兴。我希望学生成功。因为,学生可能是对的呢。这种事情是很多的。他很自信、很坚持己见、心里很有谱,这很好啊。不过,我希望这样的学生还要努力,要认清自己的第一要务,要着力于第一要务。不过,我们说的规律,例如种瓜得瓜、种豆得豆,也可能不很对;也可能他种的是新型的像是豆种而实际上是瓜种呢,他是在独辟蹊径呢。再说,你不能强迫他学术上听你的,方法上听你的。所以,我们尊重学生,只不过希望这样的学生还要努力,要认清自己的第一要务,要着力于第一要务,还要注意一定的时限。

上了小学、初中、高中、大学,又千辛万苦考硕士、博士,如果你是为了要探索高层次的未知,就要跟那个高层次逐渐谐振。

语言交际实际上就是一种共振。拿谐振来说,一般不会振动频率彼此完完全全一样。你原来多少,我比你的低一些,我上来了,可能上得高过你一些。这是说的总体和大概,事实上我们都是立体复杂的,有的方面水平很高,某些方面还很低。不是水平一高就方方面面都高了。我受到你的启发,有的方面上得高过你一些,又对你有启发,你再上来也不是正好上到我这个水平就停止了。运动都会有惯性。你很可能上得又高过我了,又启发我了。这或许又是攀升效应的一个理论根据吧。

我们再看一个关于"英雄所见略同"的例子。

刘洁修编著的《汉语成语考释词典》(商务印书馆,1989),1392页在关于"英雄所见略同"这个条目下说:

> 指有才识的人其见解大致相同。多就对形势的分析以及所设谋略而言。语本《三国志·庞统传》三七 954:(刘备叹息曰)天下智谋之士,所见略同耳。宋·高斯得《耻堂存稿·七·莫恃势行》:奇哉天下士,英雄见略同。|《五代史平话·汉史上》175:(刘知远曰)公(郭威)之谋,与吾意暗合,可谓英雄所见相同也!
>
> 又作〔达者所见略同〕,达者(dá zhě):通达事理的人。明·郎瑛《七修类稿·三一·诗文类·佳句人先道》:始知所谓好句人先得,达者所见略同也。
>
> 也单用〔所见略同〕。清·方苞《与陈占咸书(其九)》(本集·集外文·一〇):国初图大将军海,羽檄旁午,观书不辍;汤文正之在秦中亦然。与贤所见略同。

我首先感到的是"总还要讲点儿朴学"。这里要说两点。一点是,我当编辑的时候,我们编辑是要查校要发的文章的引文和例句的。你出处不全,我怎么查校呢?一个办法是删掉,一个办法是退回去请你补上详细出处,一个办法是不发了。如果有详细出处,查校了几处有问题,说明作者的学风不是很好,这篇稿子很可能就不要了。还有一点是,我们往往是从语言材料里引发出问题和想法,而这个语言材料是在交际里的,在语篇里的。我记材料,有时候要记上前后的关系,例如"他认为……",我还要注明"他"叫什么,是什么身份。人家给我一个孤零零的"他认为……",即使有详细出处,我用起来也很困难。还有,有时候我们是转引的,就要注明转引。街头的,访谈的,都要注明详细出处。

还有,许多成语起初以及后来不是一点不变的。

还有,交际是共振了,共振里好的往往是谐振。

都是英雄了,当然容易谐振了。不过,相对于英雄的狗熊,也会"所见略同"。估计,狗熊之间的"所见略同"里的"同"会多一些,因为层次低一些,而且彼此也要求"同"多一些,强制要求"同"多一些。"英雄所见略同"里的"同"可能不一定多,"同"里面的样式也多,因为层次高。不"同"也没有关系,样式不一样更没有关系,不"同"或者不一样或许更好,求同存异,还要求异存同。都不同,没有一点共同语言,不好交际。全是共同语言,也不好攀升。英雄嘛,有不同的地方,彼此包容、尊重、学习,语言交际求得攀升效应。英雄和狗熊对待"略同"和不"略同"的态度也不尽相同。

再说说我们现在见到的许多辩论会。现在的好多辩论会是模拟式的,是表演式的,是辩论秀。是辩倒对方,批评对方,表扬自己。辩论会,本意大概是进一步探讨一些问题,搞一个活动,也是提高语言表达能力。可是,现在不少辩论会几乎不管辩论的内容。我也当过某部组织的大型辩论会的主任评委,主办方说好是不管辩论的内容的,管什么呢?管口才。不管内容的口才可能就是耍嘴皮子。我有个朋友是某著名大学辩论队的教练,他有一次大概其地示范了一下他的指导，不管他的队是正方还是反方，他都能指导得你有理，你赢。我们现在的辩论队，不是你的看法是什么你参加哪一方，而是二分地分成正方和反方。例如，跳槽有利于人才发展是正方，跳槽不利于人才发展是反方。你们两个队抓阄，抓到正方是正方，抓到反方是反方。你明明是正方的观点，但是你抓到反方了，就要千方百计说跳槽不利于人才发展。

还有，辩论双方就是相互掐，谁把对方掐倒了算谁赢，不是你死就是我活。一方说对方的，往往是："你自己不是自相矛盾吗？""你不是正好证明了我方的正确吗？""对方辩手不是理屈词穷吗？""对方辩手不是无理搅三分吗？"辩论中没有跟对方商讨，没有向对方学习，没有吸取对方有益的见解和根据。看不到什么合作原则、攀升效应。如果一个队员说："我觉得对方辩手说得有道理，我再补充你一个例证。"我想，台下会热烈鼓掌的，可是似乎没有看到这样说的。这样的辩论怎样提高人们的语言交际能力呢？

攀升还有两个意思。

一个是，你对于对方说的话的认识，在对话之后，还可能有个攀升。

我有篇散文叫《性本善》，在《语言是大海》（中国经济出版社，2003）73页到74页里有这样一段：

> 1986年12月，我同刘一玲到苏州去调查推广普通话的情况，那时候我同刘一玲还计划研究陆文夫小说的语言，苏州大学中文系安排我们在苏州大学同陆文夫见面一起谈谈。见面之后，苏州大学中文系的老师问陆文夫近来在忙什么呐，我记不准陆文夫回答的是在家里抱孙子呢还是抱外孙，很可能说的抱孙子。我起初以为这是寒暄的话，陆文夫说的是无所事事的意思。后来在席间，陆文夫说，在家里抱孙子其乐无

穷。孙子不会耍心眼,跟孙子在一起,不用防备,没有戒心。我知道了陆文夫说的抱孙子的言外之意了,但是我的实际体会不够深。

1998年7月下旬,我有外孙了。在医院里,外孙在纱罩下安静地睡着。脸上露出圣洁的光。哪儿都很小,哪儿都很精致,哪儿都很可爱。

我的弟弟妹妹多。我们家孩子是大的带小的。我自己是孩子的时候就抱弟弟妹妹了。回到家,我要忙着做功课,没有什么时间抱弟弟妹妹。但是抱弟弟妹妹总觉得很高兴。我的女儿出生的时候,正是军宣队、工宣队进驻中国科学院哲学社会科学部不久的时候,我们语言研究所集中在沙滩的法学研究所里办学习班,不久就去河南信阳的干校了。我中间回来过十来天,我正式回到北京,女儿四岁多了。我比较多地抱孩子,是抱外孙。外孙小时候在我们家,起初就妻子跟我两个人带。我在家的时候就多抱抱外孙。外孙两三个月的时候,在我怀里要睡了,先是眼睛闭上留了一点缝,我笑着跟他点头,他也笑了,然后才踏踏实实地睡。

抱外孙,真是其乐无穷。

我对陆文夫说的那句话的含义的认识,有好几个过程。网上看到两位朋友分析语言理解,拿这个做材料。那是胡佑章、吴媛媛的《言语理解差异论》(《重庆邮电学院学报》(社会科学版)2006年第3期)。文章认为:言语理解是有差异的。这种差异性,既表现于不同的人对同一言语成品的不同解读,也表现为同一个人在不同阶段、不同场合、不同心境下对同一言语的不同领悟,更表现在理解的意义和表达的意义的契合程度上。两者完全重合的情形是不多的,常常出现的是不足、溢出或者偏离。

语言交际的攀升效应

那两位朋友的分析是很好的,对我有启发。我今天这么从语言交际的攀升效应来分析,不知道对他们会不会又有一些启发,或许他们会有机会读到我这个演讲稿。

这里还有一个问题,人自身还有一个自动升级的程序。你们那里有个人水平高,他会带动别人提高。他自己还会提高。你为什么会提高,因为你自身有一个自动升级的程序。这个自动升级的程序很重要,你今天不如他,可是你自动升级的程序和运行比他好,你以后可能超过他。这也是说到一些理论吧。

还有一个例子。

> 坐在地上的孙宝英哭得更痛心,我死,我去死,老天爷,为啥不让我替云中去死呢!云中,我对不起你呀!王承坤听出了孙宝英话后面的话,别人都不一定听得出来,王承坤相信他能听出来。其实每个人都是一样,话后面的话总是大头儿,没说出的话或不能说出的话,总比一辈子已说出的话的总和多好几倍。(刘庆邦《离婚申请》,《当代》2003年第2期7页)

我们或许可以从这里得到很多很多启发。"其实每个人都是一样,话后面的话总是大头儿,没说出的话或不能说出的话,总比一辈子已说出的话的总和多好几倍。"就拿这一点来说,我们都有体会,谁一天到晚在说话呀?就是说话多的人,也是不说话的时候多。就拿两个人语言交际来说,你一边听话一边想着要说话一边想着他的话里的道理一边还想起听到过的有关的话和经历过的事。脑子里转得很多的。你脑子里转是思维,交际、思维也是认知。语言交际、思维、认知,没有单一的,只有侧重。语言交际、思维、认知,都是为了攀升。你们两个一边散步一边说话,总有停顿的时候吧,停顿过后又接着说,停顿之后的语言交际跟前面的交际一般是接得上的。有时候两个人语言交际是天上一句地上一句，也接得很快，谈得很热闹。对方的话头子一出来，这里就知道说的是哪年哪月的那件事了。停顿有时候是很长的，可以是好多好多年，都还能再谈得起来。这几年过去了，能谈得起来，但是彼此脑子里的东西跟好多年之前总有不同。对方的话在彼此的脑子里会发酵，发酵也很复杂，会加上发酵人自己的许多想法，这期间发酵人又会听到别人的许多话，自己也会有新的经历，所以，发酵里加上了许多成分。语言交际的攀升，是许多成果的攀升，是许多人参加的结果。语言交际，不仅仅是两个人或者几个人现时的对话，过了多少年了再对话，这时候的语言交际，是包括了这么多年一起的语言交际。从联系来说，空间和时间方面都会有很多联系，继承、吸取的何尝只是一时一事一些人呢？所以语言交际还有全息性，语言有全息性。这也是说到了一些语言攀升的理论了。

上面这个例子和英雄所见略同的例子，我在博士生入学考试题里出过。要求学生从语言交际的角度谈谈自己的认识。这里又涉及问题驱动了。

还有，还要善于同大自然交际，善于同天地谈心。要善于领悟大自然里显示的语言和语言学的规律。我们要会生活，会理解、欣赏大自然。有情趣，有智慧，有大自然的胸怀。上面引的张炜小说里的那个例子，就是说的要会感受大自然。同天地谈心或许还是运作不断自动升级的机制的一个结果，也是不断自动升级的一个重要的营养的来源。

这里说几点。一是我们的语言交际和语言学，受佛教的影响很大。或许不仅仅在词语、语法、语音等方面，也不仅仅是普度众生的思想，恐怕还有更大的大智慧。比如注重事物彼此的关系和转化，学习语言和语言学要有大的悟性，要联系许多方面尤其是哲学思想从宏观、微观、中观许多方面来认识语言，要有语言使用得好等方面的实际本领。语言交际的攀升需要带动和鼓励。语言交际能力要在实际的语言交际里锻炼,语言交际的攀升能力要在实际的语言交际的攀升里锻炼。

二是不要轻易说原始社会人的语言就一定简单。我们说使用语言这个工具是人本有的交际能力的外化,那么人本有的交际能力是什么呢?那就是不用现在这样的语言。现在这样的语言是外化的,内在的是有物理表现的,有脑电波,可能还有别的。我们现在看到一些说地球人同外星人交流的,一种是科普作品,一种可能有纪实的成分,都写地球人要说话了,外星人已经知道了,估计外星人接收脑电波什么的本领没有退化。原始人不穿衣服,那时候冬天没有暖气,他们也不怕冷,爬山也快。我年轻的时候在上海、南京,后来不怎么年轻了还在河南干校好多年,冬天都没有暖气,回想起来过冬天也还行。现在暖气来的前半个月就觉得难受,变娇气了。社会发展是一个方面,人的本事也有退化的一个方面。我们看到写外星人的,都是脑袋大身子小,他们用脑多用体力少,身子还不如我们地球人呢。

我们进一步讨论一个问题:攀升又是为了什么呢?为了进一步自在。进一步自在就是进一步搞清楚问题尤其是大问题。进一步自在了,进一步认识规律了,自己进一步融于规律了,自己进一步解放了,潇洒了。人的许多攀升,都是为了进一步自在。从总体来说,没有攀升之后反而不自在的道理。

我们在语言交际的时候,有时候有了大的觉悟,有了大的攀升,会浑身一震,觉得一激灵,身心愉快,很兴奋,很轻快,因为思想和肉体进一步解放了。

我们听了一个好的报告,或者听到几句精彩的谈话,在大的场合会情不自禁地鼓掌,在小的场合会心里面叫好。那可不完全是为你说得好而鼓掌和叫好,也是为自己进一步攀升和进一步自在而鼓掌和叫好呢。

　　所以,语言是用来交际的,语言交际的原则或者目的是进一步合作,进一步合作的目的是进一步攀升,进一步攀升的目的是进一步自在。这是个人的,也是人类的。人类的进一步攀升和进一步自在的积累,形成了人类进一步的大攀升和进一步的大自在。

程度和类型[*]

有一次有个学生论文答辩,我是答辩委员会主席。论文讨论播音员和节目主持人问题,她认为既然存在节目主持人,那就是区分了播音员和节目主持人的。她答辩的时候有人提问:你说说看播音员和节目主持人有哪一点是不同的? 讨论了一会儿之后,我也谈了些认识,也是给这个学生出了个主意:播音员也有个性,同样的稿子,不同的人播起来不同。上海的李勇写论文讨论过这个问题。这里有个问题,播音员同节目主持人的不同究竟在哪里? 说节目主持人更加有个性,那么,播音员也有个性,有的播音员的个性也很鲜明。我想起 2001 年 3 月 8 日中央电视台的晚会,是谈话类节目。其中有一个内容,主持人问现场观众:男人女人有什么不同? 可能是有人说女人温柔、男人刚强之类。主持人在黑板上的女人部分里写上"温柔",男人部分里写上"刚强"。主持人又问现场观众:男人有没有温柔的? 下面答有。又问女人有没有刚强的,下面答有。主持人又从黑板上女人部分里把"温柔"擦掉,从男人部分里把"刚强"擦掉。这么一来,黑板上原来写的女人和男人的特点几乎都擦掉了,似乎男人女人只有性别的不同了。我觉得

---

[*] 2009 年 3 月 31 日在中国传媒大学"应用语言学的历史及理论"博士生课上的演讲。

男人女人的温柔或者刚强,人群的量和个体的程度是有差异的,而且类型也是有差异的。关于节目主持人的个性,要进一步讨论播音员同节目主持人个性表现的程度和类型的不同。

我认为"程度和类型"的认识是很有用的,它是我们认识许多问题的一把钥匙。后来我在《应用语言学前沿问题》(中国经济出版社,2006)一书的122页到127页里,在《语言全息发展论》里的"下位原则"里写了"类型、程度、分工"。里面有些话引在下面:

> (类型)这是个大层次。同一个类型里反映的全息更相似。语言交际的不同类型对交际有不同要求,不要混为一谈,也不要割裂。不要用应用文语体来要求文艺语体、网络语体,不要用法律语体来要求文艺语体。但是不同类型里也有联系,法律语体里也不完全一致,有的跟文艺语体有交叉。网络词语里的"青蛙、恐龙"起初也不是网络词语。网络词语里的"菜鸟"跟北方话的"菜"有关,"菜鸟"很可能用到别的领域里谑指"水平低的新手"。网络词语里的"大虾"跟"大侠"有关,"大虾"很可能用到别的领域谑指"水平高的老手"。因为所有的用语都有一个大的背后的来源或共同需要:实际的语言交际。既有同的,又有不同的,不同也是为了交际的不同类型的需要。"清一色、翻番"来自打麻将用语,打麻将说这些话也是借自别的领域也说不定。(123页)
>
> 不同类型反映全息类型不同,有的类型交叉但程度不同,同一类型里也有程度不同。有的类型和程度都不同。有的程度不同也就体现了类型不同。(124页)
>
> 我们比较的时候常常关注有或无,对有里面的程度不够关心。现在有个说法叫:"人无我有,人有我特。""人无我有"的情况可能会越来越少,要特别关注的是"人有我特"。同样

是有，情况不同，其中包含了程度，有时候程度形成了类型。事物的延伸段性质不都是一样的。（125页）

既合作又分工。分工不等于别的不会或者不管。（125页）

这里再说一些认识。
一是关于播音员和节目主持人。
二是关于个性和共性。
三是关于语体。
四是关于当代汉语。
五是其他。
先谈关于播音员和节目主持人。
关于播音员和节目主持人的关系，大体有四种意见。
一种是涵盖论。理由似乎有四个。一是播音员教学的内容里包括了节目主持人的教学，不少接受了播音教学的也可以做好节目主持人。二是电台有的播音员就是节目主持人，这样的节目主持人实际上很早就有。三是播音员是职业，节目主持人是岗位。四是分不清播音员和节目主持人的区别。涉及区分电视的播音员和节目主持人。第一届"荣事达"杯电视节目主持人大赛初赛，有人问举办的人：什么是播音员和节目主持人的区别？举办的人开玩笑说：坐着的是播音员，站着的是主持人。

第二种有人叫作取代论。似乎是认为播音员要被节目主持人取代了。不知道原话是不是这样说的，这是不同意的人这样介绍的。

第三种是等同论。没有见于文章。我听到有人这么说，这种说法不同于涵盖论。

我是第四种，叫互补论，这个名称也是我提出来的。
我首先认为播音员和节目主持人都需要，第二认为播音员和节目主持人有区别。

播音员和节目主持人共存共荣,取长补短,共同为建设事业和建设者服务。对国家来说,他们是手心手背的关系。不要不恰当地贬一个褒一个。播音员和节目主持人可以和应该发挥作用的领域不同,两者在自己可以和应该发挥作用的领域里把事情做好就行。这是说的都需要。

第二是说他们有区别。这要看播音员和节目主持人的不同是不是客观存在的,认识他们的不同是不是也有用处。如果不存在区别,或者虽然存在但是区分他们的不同没有用处,也就不要区分。例如,对杨澜、倪萍、白岩松、崔永元、张越的要求跟对邢质斌的要求是不是有些不同,节目主持人和播音员的培养、成长、锻炼是不是有些不同。说区分也不是不讲联系。

真要把播音员和节目主持人两者的区分说清楚,恐怕不容易。我们也不指望一两次讨论就清楚了。我们总可以先讨论讨论。我们主要不是做名词术语的争论,而是看本质。

一下子不好区分的话,可以先探讨逐步区分的途径。可以讨论一些实例,例如,先看看哪些人是典型的播音员,哪些人是典型的节目主持人。分析一下为什么。这样一来,可以看出来播音员的个性和节目主持人的个性程度和类型还是不同的。崔永元、朱军在场上主持节目要照应这个照应那个,临时应变的事情也比较多,他们的个性还要表现在这些方面,他们个性的表现跟邢质斌播音个性的表现还是不同的。然后再进一步讨论一些麻烦的问题。有人说还要看栏目、说话语气。我们可以进一步讨论,区分播音员同节目主持人到底有哪些因素,怎么具体区分。

播音员同节目主持人大体上是有些区分的,但是有的分界模糊可能不一定是大家认识的模糊,可能是事实本身的分界有的就模糊。有时候我们区分时跨界了,就是有的界限不清,有的情况下可以归作播音员也可以归作节目主持人。如果不出什么问题,跨界就跨界吧,模糊就模糊。什么事情都有分不太清楚的地方,实事求是,不必一定都要分得很清楚。也不能因为有的分不清就认为统统分不清。看事物的性质不能只看"有"或"无",尤其是中介物里充满了类型和程度的不同。

二是关于个性和共性。

关于播音员跟节目主持人有没有区别的讨论,也涉及关于节目主持人的个性化这个问题。

关于什么叫个性,有人自己下定义,说个性就是与众不同,与众不同的东西里有好有坏,所以不能笼统地说张扬个性,有一个报纸上的文章标题就叫"张扬个性的提法不科学"。

我们主张从语言运用的事实里概括词义,概括它实际的用法。我们查了近期大量语言运用事实里的"个性"的意思,几乎都是说好的,说某一方面突出好的,我们叫先进。非常突出的就鲜明。先进也不是只有一个类型的,多出一个类型,在平面上伸出一块,也是先进。那么,个性不是倒退,不是各色,不是怪异,不是一般的花样翻新。

一个人的个性是他性格等方面特点的总和。没有静态的孤立的个性。个性都是在同人的交往中表现出来的。同这个人交往,同那个人交往,其中表现出一定的个性。对这个人来说,个性是比较稳定的。

个性是比较而言的。一小部分人的共性跟一大部分人比,可能也是个性。个性又有类型。有类型就不是只有一个。同一个类型里各人的具体表现也不会完全一样。播音员和节目主持人的个性基本上像作家的风格。这里要注意两点。第一,有人提出:主张个性化但是反对个人化。这里的个人化不知道是不是指个人主义。如果不是,那么个性都是体现在个人身上的。第二,个性一般都指比较鲜明的,水平比较高的,犹如风格。汉语里的"有",例如"有水平、有个性、有钱、有个儿"都是"有"得比较多的、高的,而且经常如此的,比较稳定的。所以,不是任何节目主持人都可以称得上"有个性",不是任何主持人都可以称得上"有风格"。有的还只是有了些个性或者风格的苗头。

个性,总的就是好,是先进。好,先进,是符合发展的方向、动向,而且对发展起引导作用、示范作用。

具体一些说,怎么是好,是先进?我们看看大众事实上的要求,看看事实上什么样的个性比较受大众欢迎。

首先是厚道。有一年发布的十大流行语里有一个好像是:做人要厚道些。生活里也要这样。要善解人意,要与人为善,得饶人处且饶人,不要得理不让人,不要太凶了,不要霸道,要跟人合得来,为人家着想,平等待人。这样人家愿意跟你亲近,你才有亲和力。

我看第一届"荣事达"杯电视节目主持人大赛,其中有一段是访谈。有人一访谈完就走到台中央做总结了,也没有跟嘉宾告别,就不管嘉宾了。说得不好听一些,就是用得着人家就用,用不着了就甩掉,以自我为中心,这样不好。周宇跟嘉宾握手致谢告别之后才到台中央做总结,这是教养。有时候有人叫我做什么,我来做了,招之即来。后来不要我了,也不说一声,就是挥之即去也要挥一下啊。那是缺乏教养,一槌子买卖。还有那次电视大赛,一场下来十位选手每人要说一句话,别人在说的时候,周宇看着人家微微点头示意,这很好。我听香港关于中华小姐评选的评委在电视上说,有的选手在她被介绍的时候,到了镜头前面了,情绪饱满了,手臂和身子使劲晃动了,她在后排的时候没有什么情绪,手背和身子也不怎么动。评委说不要这样的。还有,教养是长期形成的。我看一个节目主持人比赛的节目,一位女孩子说她要把最美的一面展示出来,后来剩下她跟另外一位女孩子辩论,这一位一激动说话声音变样了,脸型也有些变了,我一看,我的感觉是此人有点不善。崔永元做节目跟小孩说话蹲下来,跟小孩平等。这些是别人容易忽略的方面。这就是先进,就显出个性。当然这些还是不很高的要求。

当然不是所有厚道的人都可以当节目主持人,但是节目主持人要厚道。不要喜欢看人家笑话,不要老在背后说人家不好。这在台下的时候就要注意。

还有,要有悟性。语言交际讲究合作原则。节目主持人要让人放松,要采取朋友的态度,用真诚的语言,才有亲和力。节目主持人要能够听懂别人的话,善于听话,善解人意,让到场的和场外的人轻松、活跃。也不是一味说好话,而是褒贬有分寸。还需要机智,会巧妙应对。所以,学这一行,干这一行,要有悟性。就是要聪明。

既厚道,又聪明,这就不容易了。厚道的有时候不够聪明,聪明的有时候不够厚道。既厚道又聪明,这样的聪明是大聪明。再说得透一些,既厚道又聪明,符合中国文化的精神,符合天地运动的规律。古人概括中国几千年来文化的基本精神,如《周易正义》所说:"天行健,君子以自强不息","地势坤,君子以厚德载物"(卷一)。我们要发展,要进取,聪明就是高速而到位。我们又要宽厚、包容,善于吸取。两者要结合。

时代在变,情况在变,我们节目主持人学了一些基本的,然后自己进一步学,这也需要悟性。悟性也应该是动态发展的,要不停地从有关方面吸取营养。

还有,节目主持人的个性主要是靠说话表现的,节目主持人的主持也主要是靠说话。我们的口语要好,我们要会在语言里面体现我们的个性,这是个大题目。主要的是要善于创新,创新是属于规范里的,规范包括创新,不规范的与众不同不是创新。还应该会写文章,有比较好的书面表达能力。书面上不能成章,很难出口出章。

我们节目主持人常常用别人写的稿子,有许多话肯定是不适合自己说的,不利于展示自己的个性,那就需要同撰稿人商量改写。自己有一定的写作水平,跟撰稿人就比较好商量。如果自己写稿子那就更好了。播音和节目主持到底哪一种难一些,有不同的说法。有人说,播音难。因为是说人家写的话,要能说好,太难了,而节目主持人说自己的话,比较容易,说自己的话还能说不好?我也觉得说人家的话说好了很难,我上课都用自己的教材。不少播音员试图解决这个问题,一个办法是不少播音员把稿子上别人写的话化作自己的话来说,第二个办法是有的播音员也参加一些采访和编辑,好进一步理解稿子,甚至自己写一部分稿子。节目主持人如果还是说别人写的话,那么这一点上要展示自己的个性,跟播音员比,就缺少优势了。好像节目主持人的不少稿子是别人写的,几个节目主持人主持大型活动,开场和结尾,有轮流各说一句的,还有几个人异口同声说一句话的,那几乎能肯定不是现场即兴说的,是事先写好的,往往是人家写的。人家写的,自己也可能要变化变化。你会变,变得好,写的人也不会不许你变化。我知道有的节目主持人说的是自己写的。要会写,上头才让你写。

还有,节目主持人这种形式来自生活。广播电视里的节目主持人,总要在生活里会主持一些事情吧。我们需要教那些学节目主持的学生在生活里努力会主持一些事情,有主持的能力。有个节目主持人竞赛的节目里,有个小女孩主持一个做菜的节目,节目里她说她在家里根本没有做过菜。这不是演主持吗?

个性有不同的类型。有人是外向型的,有人是内向型的。有人的个性可以不是单一的,可以是"静如处子,动如脱兔"。王雪纯说自己其实很内向，但在主持《正大综艺》的时候需要很活跃。这是对的，是一种很好的类型。有人可能一种情况为主，有的动则特动，有的静则特静。有人也许动静各占百分之五十。有的静是百分之九十，动是百分之十。有人反过来。有人该静则静该动则动，有人不行。主持节目的时候兴奋不起来不行。

既然认识到应该有个性，为什么许多节目主持人没有表现出什么个性，要去模仿？可能有时候表现某些个性也不很稳当。许多情况下是某个人表现了个性，站稳了，别人才模仿。模仿的人是在一定的安全系数里追求变化。这里也许有一定的社会背景。表现个性有时候也是要冒风险的。

受众也是分层次的。你表现的个性一般受众、专家是不是都欢迎？如果不是，你是听专家的还是听一般受众的？有的节目，专家给分很高，一般受众不买账。往往专家和专家还不一样。近来不少媒体往往动辄专家怎么怎么说，其实常常不是专家里的代表性的意见，逮到几个专家就好像是所有专家了，是许多行当的专家了。专家什么都专，那还叫什么专家？展示个性，也就是创新，要有勇气。展示个性，也就是创新的同时，要问自己的勇气是否准备好了。有时候有点创新，很快被许多人接受了，很多人来模仿了，说明这样的创新也不怎么样，层次很低。

文学大家的作品都有鲜明的个性。二三流的作家说的话就差不多了。学术论文的语言往往缺乏个性，说明这些研究也缺乏个性。有人平时说话没有什么个性，吵架就有个性了。吵架不把自己包得严实了，不怕得罪人了。我们看到那么多套话，没有用处又不得罪人。说套话可能安全。节目主持人应该是很有个性的，但是节目主持人里的套话不少。我看一个节目主持人的比赛，选手的人生格言就有不少雷同的，拉选票也往往是："给我一个机会，还你一个惊喜。""相信我，没错的。"说话里面套套多，成篇也有套套。

显示个性,创新,要得罪人,要得罪不愿意你(!)创新(!)的人!所以社会上要有鼓励创新的氛围。缺乏个性的社会是缺乏活力的社会。节目主持人出彩要有知音,抖开一个大包袱、好包袱,底下要有人呼应。所以,节目主持人的个性是节目主持人和大众共同造就的。

节目、栏目的个性,实际上是某些类型的人的个性。同节目、栏目的磨合,实际上是同某一些类型的人的磨合。如果同什么人、什么节目或栏目都能磨合得很好,恐怕也就没有什么个性了。个性的适应面不会太宽泛,太宽泛了也就不是个性了。人的个性是长期形成的,是比较稳定的,一会儿这样一会儿那样,也不是个性。所以,节目、栏目跟节目主持人的个性也要磨合,节目、栏目不要找跟节目、栏目个性差异很大的节目主持人,节目主持人也不要接跟自己的个性差异很大的节目、栏目。

个性类型不同,程度不同。说到个性,每个人的家庭、受教育程度、经历等情况不同,性格等方面就不同,都有个性。如果没有个性,世界上生一个人算了,何必要恳请天公"不拘一格降人才",抹杀个性,违背天意。文艺复兴就提倡个性。个性鲜明才是文化、艺术丰富多彩,单一就不是文化艺术了。

我们平时感到轻松的时候,往往是同朋友相处。轻松才能展示个性。紧张,出不来个性。一方面要有这样轻松的氛围,一方面本人也要会调节。会调节,也是一种本事。个性也是动态变化的,只不过不很快。有时候需要机会。有了机会,才能由潜在的变显现的。变化也是在个性范围里的。要求新鲜、变化,也是人的天性、本能。

表扬、鼓励容易表现个性。家长对孩子,老师对学生,要善于表扬、鼓励。可是,本人不要太在意表扬、批评,看准了就坚持。关键是自己有没有水平和看准了没有。好的节目主持人都有这个基本素质:有点倔强劲儿,经得起别人说好说不好。看准了就要能坚持得住。也要讲策略。

节目主持人某些方面比受众快半步。很像导游,走得太前了,游客跟不上,不好;走得太靠后,不起导游的作用了,不好。大众也有个性。节目主持人要起引导作用。比如芭蕾舞,很精致,很美,起初有很多观众不接受。但是不能等到观众都适应了才有芭蕾舞。暂时不适应,可以冷藏。还有京剧市场有点滑坡,也许是许多观众不喜欢那样不变化发展的京剧,而不是不要京剧。个性的东西让受众适应,有外部内部的条件。要适度超前,既适度又超前,需要磨合。观众胃口高了,那才来劲呢,我们盼的就是这个。观众胃口高了,我们又适度超前了。

对别人的个性,你可以喜欢,也可以不喜欢,都要允许它们存在,哪怕是形式上的一些变化,也要鼓励。创新可能模仿。模仿也有层次高低。要模仿实质的内在的。层次高的东西别人很难模仿。有的高层次的仿造比低层次的创造还难。

看一个节目主持人的人格魅力,不是要看他的许多节目,也不是要听他的许多话。有时候听他节骨眼儿上那几句话,我们就知道了。我们要研究往往是什么样的话里能体现节目主持人的人格魅力。还有人格指的是什么,魅力指的是什么。体现在语言上,应该有一些形式标志。例如,新出现的语言现象要用到位,要体现活跃,否则会显得俗气、浮躁。又如大人跟小孩子说话也会"趋同"。"趋同"不是"等同"。等同了会显得做作。要趋同,又要适合自己的身份。还如,对提问的人要有礼貌。对于对方不够礼貌的话你能有礼貌地回答,才是你的气度。刁难,困境,也是考验,是显出人格魅力的关键。要想到面对的是大众。对方也是大众的一员。面对难题,正是你出彩的时候。处理不好,也是暴露你人格缺陷的时候。真诚,首先就是要特别尊重别人。人格,就是人的品格。魅力,就是吸引力,就是团结周围的人包括不同意见的人的力量。只有设身处地为人着想,帮人帮到点子上,也真能帮助人,才有吸引力、凝聚力。遇到难说的问题,不避开,还非得说,要说到受众的心里去。还有插科打诨,要注意分寸。一过,就俗了。分寸感,就是到位、准确,是人格魅力的重要表现。

总的说,实事求是是一种品格,是一种魅力。

下面再换一个角度来讨论节目主持人的个性。

人人都有个性。展示个性就是不掩盖。不掩盖不可能,也要少掩盖,少来假的虚的。人的出身、家庭、环境、教育、经历不同,个性就不同。还有,人认识世界的角度天生就是不同的,姑且不说看、听、嗅等感觉有差异,每个人脑子里认识的角度就是不一样的,天生的,像指纹。不要热衷于模仿,不要老是掩盖。真诚就能展示个性。"挑战主持人"栏目的"点击名人"里,朱军说节目主持人最主要的是真诚。这是说得很深刻的。节目主持人展示个性不是目的,受众的这个要求也不是目的。目的是真诚地交流。善解人意,让人理解,高层次的交际,进一步合作,这是目的。反过来说,如果个性展示不够,是不是真诚就多少有些问题了。

好的节目主持人要发现自己的个性,发现自己某个方面有特点而且可以发展、有发展的潜力。这就是立足点,立足点是制高点,发现了不容易。首先认识到有,不要热衷模仿,不要混同于模式化。这里要注意的是要把握事物发展的方向和动向,要把握先进的基本要求,要把握体现在节目主持人身上的基本要求。我们说节目主持人的文化修养,主要在这个方面。这是很不容易的,是需要很高的文化修养的。

还有一点,要经常做力所不及的事情。一个人的长处,一个人的能力,一个人的水平,自己不一定都发现了。喜欢鲜活,追求鲜活,这本身就是个性的重要表现。

个性鲜明总是有主见，也有脾气。有本事的人都有些脾气，因为有些问题他先清楚了，他要坚持。他看问题深刻，而且经常深刻，这是节目主持人个性的比较高的体现。有脾气有时候也很重要，很宝贵。我们看人，不要因为他有脾气就说他不谦虚。看自己也是如此。看是不是谦虚，主要不是看他是不是低头哈腰、唯唯诺诺、奉承你，而是看他是不是经常在进步。一个人低头哈腰、唯唯诺诺、奉承你，但是老没有长进，这个人其实不谦虚。当然，脾气不容人就不好。有本事又有脾气的人处事，有几种办法：一种是要别人服从自己。太霸道。干吗一定什么都要大一统，而且一定要由你来大一统？有人听你霸道的，可能是临时韬晦，两面派，有朝一日翻脸不认人。第二种是大家一团和气，长处都去掉，像一个人。老天爷生不同的人干什么？还有第三种办法，彼此的长处都保留，相互宽容，相互学习，互补。这是很可贵的品格，这是个性的非常高的体现。

三是关于语体。

语体是交际类型的一种体现。像左边是塔尖的横的金字塔，往右又可以分出细一些的类型。这些类型里有交叉的部分。但是，既然是实际存在的不同类型，可见得语体还是起了制约语言表达的某些作用的，不同语体的表达还是有许多不同的。同一类型的事物反映的信息相似相近，所以不同类型的语言交际的要求是不同的，不要对不同类型的语言交际强求一致，也不要割裂开来。我们既探讨不同类型的差异，又探讨不同类型的交会。不同类型的交叉的情况也是不同的，很值得研究。或许可以粗粗画出一个交叉或近或远的语体的谱系出来。我们注意已经成为类型的，还要注意还没有成为类型的倾向，或者已经成为类型而我们没有都认识到的情况。

语体里有个人的因素，也有时代、民族的因素。因为个人是在民族和时代里的。要想把个人、时代、民族因素分离干净,单纯探讨语体因素,那不可能,也没有必要,但是可以大概其地侧重语体因素。研究个性或者风格有类似的情况。

还有,大的语体的类型,既是综合的,又有它主要的一面。语体,是个体系,主要的一面特点比较鲜明,不很主要的一面特点不很鲜明,不很鲜明的也属于这个体系,不是说这个语体只有鲜明的一部分,其他部分只是各个语体公用的部分,于是有人说某些语体只是公用部分加上一些特点,是一种变体。不是这样的。特点不很鲜明的部分,在各个语体里只是大致重叠而已。语体表现在词汇、语法等很多方面。语体的差异因此就有普遍性,只不过有的比较鲜明而已。我们不要自己看不出鲜明就认为不鲜明,看不出差异就认为没有差异。不同类型,不是抽象化或者所谓标准化或者所谓总体的变体。我们需要认识共性、个性以及两者的关系。

有的是新型的语体,现在只露了个尖尖角。有的出现了新的语言现象,不一定是新语体,可能是某个已有的语体里允许它出现,过去它没有怎么出现而已。所以,有的语体研究仅仅从现在使用情况来归纳还是不够的,很可能现在使用得还不够好,我们要有一些前瞻性研究。如果说出它属于哪个语体还有一些困难,那么可以提出它的归属的大致看法,着重研究它语体方面的某些基本特征,因为后者的研究是很重要的,归属的划分还是次要的。

语体的鲜明与否,主要是靠比较看出来的。拿新闻发言人语言来说,前一段属于演讲,演讲也有很多类型,今天的演讲跟过去的演讲也不同。后一段属于即兴口语,即兴口语也分好多种,例如朱军和冯巩的谈话节目里的用语,毕福剑的"星光大道"的即兴口语,跟我们新闻发言人的即兴口语很不同。也不要仅仅是列出新闻发言人语体是个综合语体,举例说出里面有近似什么什么语体的东西,关键是说出这些东西跟别的语体里还是不同的,是属于新闻发言人语体的。我们要紧紧抓住新闻发言人语言的性质这一点来认识新闻发言人语言的语体,注意使用比较的方法和类型与程度的思想,此外似乎没有别的路可走。

要注意到研究这个语体是用好和发展这个语体。一看需要,二还看已有的高水平的事实。我们的研究,起点要比较高。我们的研究都有一个目的,就是发展。我们的研究一定不是局限于描写历史和现状。一个方面是发展新闻发言人语言现状,一个方面是发展我们的认识,两个方面是相互推动的。例如,我们可以设想,新闻发言人语言各个方面可以发展成什么样子,当然要有一定根据来设想。还有,关于程式,我们也可以进一步讨论。例如,有的程式用了相当长的时间了,我们并不烦;有的用的时间不长,我们就烦了。可见得不同程式也有不同的新颖度,程式跟内容的关系也很密切。

新闻发言人语言里有的地方用了比喻。比喻跟比喻是不尽相同的,用比喻还有层次高低。要用得准确,不是说比较比喻的各个方面,而是说要比的有关部分总要准确。还有要好懂,引起人家共鸣,用一个一般人都没有体会的比喻效果不会太好。还有比喻也要看是否生活化,是否大气等。不要局限于看有或者无,有里面也要看类型和程度不同。还有,看无和少也很重要,要适当考察新闻发言人语言里哪些是不怎么用的,进一步研究原因。这涉及语体,也涉及风格。

四是关于当代汉语。

我粗粗地设想,这个阶段可能会有二三百年吧。1978年到2050年可能是第一阶段,是一个开始的阶段。1978年到现在,是有了一些苗头,或者可以说是开始阶段里的萌芽阶段。有学者认为21世纪起可以说是当代汉语,也有道理。1978年到20世纪末,现代汉语和当代汉语在交接,那是一个交叉段和延伸段。

关于研究当代汉语,曹先擢非常敏感,他说这是大买卖,他说幸运不会老来敲你的大门。他说当代汉语语音也在变化,他介绍说一个外国汉学家认为普通话某种语音的变化恐怕是个趋势,还恐怕跟普通话词汇的音节构成数有关。

1978年以来,普通话在语法、词汇、语音等许多方面都有了很大的变化。这方面蔡长虹有许多研究。很重要的一点,是语言观有了很大发展。语言史划界,语言观是个重要因素,但是要落实到语言本身的要素的变化上来。空谈不行,两张皮不行,但是不考虑语言观也不行。如果不考虑语言观,那就可能在某些语言现象是发展变化还是不规范上面纠缠不清。

还有,当代汉语跟现代汉语相比,不一定都是你无我有,往往是你我都有但是很不相同。我们说发展变化的"倾向"比较好。古代语言史分界,恐怕也有许多这样的情况——倾向。顺便讨论一个问题,我们经常听说语法规则没有不渗水的,如果我们说语法规则常常不是很绝对,常常说那是一种倾向,常常说出适用的条件,可能会减少渗水的情况。

说是当代汉语,由此会带来一个问题:现代汉语阶段为什么这么短?除了1978年以来是大发展以外,还有1919—1978年在汉语史上也是特殊时期。特殊情况可能是,白话文的建设始终不顺畅,老有障碍。还有,为什么文言文中双音节那么少,四音节的成语又那么多?研究后你会发现,四音节的成语可能几乎还是单音节构成的。"时间"在早期白话文中是不同的两个词,不是双音节。"时"和"间"是不同的意思。"道路",有人说"道"是文言,"路"是白话,合在一起成了双音节。恐怕不是那么简单的。

五是其他。

(一)新的好的语言现象、新的好的语言学思想,起初都是少见的、散见的。那也是一种倾向,几乎是"无",甚至有时候被认为是"错"。

（二）"趋同"也有一定限度。你自己在那个层次上，你知道了你在的层次里的老子的说法，你知道的老子也有限，老子肯定还有更高层次的意思，你提高了就体会到了。老子的共振波幅度是很宽的。但是，再宽也不会无边。他不会跟我们层次有限的人说那些我们不会理解的话，否则就失去了交际的意义。

（三）语言交际，有时候话要说得长一点，那是分层次的生长。不是把短话抻长了，不是把短话变成水注肉或者肉注水。

（四）语言现象不能无穷类推，往往也是程度和类型里有差异。

近义里面往往有色彩的差异。色彩差异也是很重要的。

（五）全息不等于都一样。事物有共性有个性，不能认为共性是全息而个性不是全息，"有共性和有个性"整个是全息。

全息里有精华也有非精华。精华里包含了乱七八糟的东西，各种都有，无所谓好不好，都是相生相克的，本来就有的。

语结的全息程度比整篇文章高。语结是种子。有人说，宇宙是种子爆炸炸开的。宇宙是不是大爆炸形成的姑且不说，它里面本来是什么都有的。一生二不见得都是大爆炸。生长是无限的。宇宙的发展也是无限的。全息不全，没有全的时候，所以发展，我们是发展的全息论。人认识世界都是相似的，但是类型不同。世界是相同的，认识是不同的，百家争鸣才有意思，脑子天生就是不一样的。

不要把联想泛化。但是通感不如联想说得好。山头、床头……头是可以延伸的。"山是高昂的头"，不是一般的联想，是全息的认识。

语言的要素及其关系是很丰富的[*]

我们不少人好长时间经常几乎只说语言的三要素：语音、词汇、语法。说到这三要素，大体上只照斯大林《马克思主义和语言学问题》(人民出版社,1971)和有关的说法：语音是语言的物质外壳，词汇是语言的建筑材料，语法是词的变化规则和用词造句的规则的汇集。也有不少人修正了这些说法，注意了人和使用。例如吕叔湘一篇文章里说要注意人和使用。

吕叔湘先生在《语言作为一种社会现象——陈原〈语言与社会生活〉读后》(《读书》1980年第4期)中说："语言是什么？说是'工具'，什么'工具'？说是'人们交流思想的工具'。可是打开任何一本讲语言的书来看，都只看见'工具'，'人们'没有了。语音啊，语法啊，词汇啊，条分缕析，讲得挺多，可多讲的是这种工具的部件和结构，没有讲人们怎么使唤这种工具。"吕先生指的不是个别现象，而至少是中国大陆好多好多年的这"任何一本讲语言的书"。即使是对工具的认识，我们也是不够的，没有很好地认识到是彼此联系的动态的新陈代谢的巨系统。

实际上一注意"人"和"使用"，就引起了中国大陆语言观方面

---

[*] 2011年3月28日在华中师范大学给语言所和文学院研究生的演讲。

的许多变化,几乎引起了一场语言观的变革。这三要素以及别的要素的研究也都随着有了很大的发展。

三要素是联系的。例如构词法跨词汇和语法。词汇里又涉及重音。重音里还有语法重音。语法里还涉及声调、语气。其实音长也很重要的,"我的书""慢慢地走""高兴得跳了起来",里面的"的、地、得"的音长以及跟前面后面的松紧度或许是有差别的。

关键是语言是不是只有这三要素,也就是说留意了这三要素是不是就够了。这三要素是很重要的,或许是语言的区别性要素,但一定不是语言要素的全部。有很多要素是跨这三个方面的,还含有别的方面。

我们比较早就说了修辞。这应该是一个要素。因为没有说话里只有语音、词汇、语法而没有修辞的。真实的语言里不存在零修辞。渲染、重彩,是修辞;中性度的也是修辞;降度的、淡化的,也是修辞。还有的整个语篇度就高或者中性或者低,这又跟语体等很多因素有关系。

我们比较早就说了语言的色彩。一般是说词汇,例如有褒贬色彩。现在说起色彩来,品种很多了,例如有外来、新颖、稳定、科技、文言、方言、庄重、正式、书面、口语、随意、谐谑等色彩。词汇方面的色彩还会有很多种。其实,句子也有色彩。例如外来、翻译、调侃、诙谐等色彩。我从阿紫 2009 年 3 月 11 日的博客《偶主持的一个活动》上看到一句话:"不想当将军的司机不是好厨子。"这样的话,绝了。这种仿句不比一般创新的难度和贡献小。这里有新颖、调侃色彩,或许还有别的色彩。句子的色彩,会涉及一些语法问题。语音也有色彩。我们好好调查分析活的有声语言,那是极为广阔的新天地。涉及语音的花样可多了,我们现在的调查分析研究是远远不够的。有一个困难,就是这样的语料不好写在纸质论文里,一描述,啰里啰唆,还打了许多折扣。这是个严重的问题,也预示着语言研究对象、工具和样式的发展变化。我们比较早就说到语义的轻重，一般也说词汇，往往也放在色彩里或者修辞里谈。我们有时候会说这个词用得过重了，换个说法。程度副词，就有语法问题了。反问句也有轻重，这里面还会涉及潜台词或者体态语。还有，轻重属于语法问题的还如一重否定句和双重否定句的比较。标点符号有时候也表现色彩和语义轻重。

还有体态语。这是我们研究不够的。体态语很难说是副语言。它是跟有声语言合在一起交际的。我们可能还是把纸质的交际当成了正宗的交际，觉得没有体态语似乎也可以。纸质交际有它的优越性，但是也丢掉了我们广阔得多的交际的许多东西。纸质论文不是不便于有声语言交际研究吗？体态语的研究是很重要的，研究深入下去，可以解开我们语言里的很多不解之谜。

我们比较早就说了礼貌语言，但是也还没有构拟出汉语的礼貌系统来。人们在使用礼貌语言方面问题也很多。礼貌语言会有一个系统，它一定涉及语音、词汇、语法、修辞、色彩、体态许多方面。可能还有一个大的方面是态度。态度需要通过上面那些要素来分析，但是事实上它是有一个系统的，我们会通过一些表现感觉出来。态度又可以分为消极、积极、配合、拒绝、回避、搪塞、批驳、与人为善、坦诚、憨厚、笑里藏刀、说话留三分、高傲、平等、谦虚好多种。

我们比较早就说了语言的个性。语言都是有个性的。个性不一定就等同于个人主义，个性是个好东西。由于我们许多方面很长时期比较侧重语言共性和社会性的一面，对语言的个性这个跟共性和社会性有密切联系的一面重视和研究得还不太够。其实，语言的高水平的重要的标志是重视带领社会语言发展方向的具有鲜明个性的个人的语言，高水平语言研究的一个重要标志是重视研究这样的语言。

我们比较早就说了语境。语言使用跟交际的彼此、场景、上下文有密切的关系。我们关于语境的认识还可以发展。一是重点是什么。我觉得重点是交际彼此的关系。二是范围是什么。我觉得不限于我们通常说的大中小三种。认识的重点要抓住，认识的范围要扩大。还有，有学者说语言本体也是需要讲究语境的。这是对的。这就引起我们思考一个重要的问题，就是使用的程度和类型的问题。

我们还比较早就说到文化问题。语言里有文化这个要素，语言教学和研究里要导入文化这个要素，但是，又不能把语言学讲成文化学。具体怎么掌握，许多人做了很好的尝试和探讨，甚至有人以事实为基础在思考：语言是不是文化最重要的载体。这个思考，会引起一系列重要的思考。还有，语言里的文化指的是什么，也在进一步研究。

我们还比较早说了语言的民族性。这是个事实。但是，对民族性本身也还需要进一步探讨。例如，民族性的形成、变化发展以及跟世界性的关系。这都是大问题。

我们还比较早说了语言的时代性。我们是不是应该多考虑自己的语言系统跟我们时代的语言生活的关系，而主要不是多考虑哪些词哪些句式哪些读音历史上是从哪儿来的来定今天我们的语言系统。

我们比较早说了语言的社会性。社会语言学形成以来发展很快。但是，社会语言学的建立至今也只有五十来年，它的许多贡献，我们接受得还是不很够，我们发展得也还不太够。它建立时候的一些值得商榷的大的提法，我们探讨得也不太够。例如语言观的发展变化跟社会发展变化的关系，也应该是我们社会语言学的重要研究对象。

还有语体。归类是一个问题，讨论某个语体的基本特征可能是先行可以做的。许多语体里的表现跟别的语体里的表现有重叠的地方,但是又不一样。这就要比较这些表现的异同。这里有个看法,到底是重叠还是另外有一个公用部分,或者说非公用部分是公用部分的变体。还有,我们现在的语体有了许多变化,有的可能是新语体,有的是原有语体可以、容许、应该有这些发展的。还有,语体研究还是要落实到对语言品种的认识和使用上来。例如,语体跟用语的轻重度有关系,语体跟用语的生动度有关系,语体跟用语的新颖度有关系。

上面这些方面,都是我们比较早说的。但是真正开始有了些认识,恐怕也是在 1980 年之后。不然的话,吕叔湘先生怎么在 1980 年写文章批评那时候之前的"任何一本讲语言的书",多讲的是这种工具的部件和结构,没有讲人们怎么使唤这种工具。即使是对工具的认识,我们也是不够的,没有很好地认识到语言是彼此联系的动态的新陈代谢的巨系统。

还是吕叔湘先生说的,他在《语文常谈》(《吕叔湘文集》第五卷,商务印书馆,1993)的序里说的一段话给我们许多启发:

说起来也奇怪,越是人人熟悉的事情,越是容易认识不清,吃饭睡觉是这样,语言文字也是这样。比如有人说,文字和语言是平行的,谁也不倚赖谁的两种表达意义的系统;你要是拿拼音文字来做反证,他就说"此汉字之所以可贵也",他没有想过如果汉字都没有读音,是否还能够表达意义。又有人说,汉字最美,"玫瑰"二字能让你立刻看见那娇嫩的颜色,闻到那芬芳的香味,一写成 méigui 就啥也没了;他大概认为英国人、美国人、法国人的 rose,德国人的 Rose,西班牙人、意大利人的 rosa 全都是无色无臭的标本。还有人说,"中国话"就是没有"文法",历代文学家都不知道什么叫"文法"却写出好文章;可是他回答不上来为什么有的话公认为"通",有的话公认为"不通",后者至少有一部分是由于不合"文法"。不幸的是,诸如此类的意见不是来自工农大众,而是来自一部分知识分子。这说明关于语言文字的知识确实还有待于普及。(3—4页)

这里说到了这个看法:汉字"玫瑰"二字能让你立刻看见那娇嫩的颜色,闻到那芬芳的香味;一写成 méigui 不是那色和香啥都没有了,英国人、美国人、法国人的 rose,德国人的 Rose,西班牙人、意大利人的 rosa 也不是无色无臭的标本。

这里有个很重要的认识,语言或者至少是汉语,到底是抽象的还是具象的?我有时候收到信,开头就说:"见字如面。"还有"文如其人"的说法。还有,我请一个人把某首歌的歌词说给我听,他说不好,非要唱。他想着那个歌词就想到那个曲子。我们常常想到某句话就会想到某个人说这句话的神态、动作、语气、场景等。至少汉语有具象的一面,它是具象和抽象的结合物。方光焘先生也经常说,大意是说,你说"猫",这个"猫"的实体是不存在的,听的人脑子里想的都是那个"白猫、小猫、花猫"。

更重要的是,语言是有色和臭的。

"玫瑰"二字能让你立刻看见那娇嫩的颜色,闻到那芬芳的香味。一写成 méigui,也能如此。英国人、美国人、法国人的 rose,德国人的 Rose,西班牙人、意大利人的 rosa,也有这个功能。

有的人把某个作品或者某个人的作品的风格说成什么颜色,那就可能不完全是打比方。例如导演要演员掌握某个作品的总的风格,会说是橙色的,或者灰色的。这对演员把握作品是很有用的。我们也曾经说王蒙的作品的风格是浅绿色的。我们有时候可以大体把一些作品甚至语篇甚至句子甚至词语说成是什么颜色的。色彩或许也不是打比方的说法。人们对色彩的感觉,比我们看到的世界的颜色可能复杂得多。

我们想到语言有色,会想到书面语言的有声,不是经常说"有声有色"吗?

说到臭,我们吃饭的时候不是忌讳说那些会引起那种感觉的字眼吗?我们说到语言的臭,会想到还有味道,冷暖。拿冷暖来说,俗话说:"良言一句三冬暖,恶语伤人六月寒。"

还有人听到那些不愿意听的极为刺激的话,会捂住耳朵说:"不听不听。你不要说了。"对方如果还说,听的人可能真会晕倒。对了,现在有的人对有些话的评语就是"晕"。

我们很早就说到语言表情达意。语言里还有个情呢。情还有情绪和情趣,情趣又可以分品位。新词新语的品位,是孙述学带头研究的硕士学位论文。后来,关于语言品位的研究就更广泛深入了。

语言里的要素是很丰富的。

这些要素都有结构形式。语言学很重要的是要研究到形式标志,否则,那还叫什么语言学?这些结构形式应该是多种多样的。

2006年12月,我跟天行健多次讨论了这些问题。天行健在博客网里的几篇博文是谈这个问题的:2006年12月3日《语言系统中的"语义态势"》,12月4日《"语义态势"中的内核与外层》,12月16日《语言 生活 场》。那几篇博文关于语言的要素和结构,有许多重要的见解。我们还讨论到语言情绪、色彩、气氛也有结构,语言的情绪、色彩和气氛也各自成为系统,也有结构系统。这些系统跟语言别的系统构成更大的语言系统。语言的结构关系不一定都是内核和外层,可能是几股线组成的绳子,可能如人体的血液系统、呼吸系统、消化系统、排泄系统、淋巴系统、经络系统的关系。我们还讨论到有人批评搞语言学的人把活猪当成带骨肉。我们认为,屠户是需要的,卖带骨肉也是需要的。他们没有说带骨肉等于活猪。如果他们说带骨肉等于活猪,那就不对了。搞语言学的人需要有整个活体的研究,也需要有部件、结构的研究。没有把部件、结构完全等同于整个活体,是在关于整个活体的认识下研究部件、结构,这是需要的。但是也要防止把部件、结构当成整个活体,或者没有、缺乏整个活体的认识。缺乏整个活体的认识是很难免的,但是避免武断还是可以努力做到的。

我在学校里上课的时候,一般一个星期在学校里住一个晚上,睡觉前看看凤凰卫视的新闻。有一天晚上,听到某个栏目的一条广告词,好像是:事件的魅力不在于事件本身,而在于事件背后的关系。联想到语言也是如此。不过,语言要素的种种关系,也是语言的要素,只是它不太显豁,它体现在比较显豁的那部分语言要素里面。

曹剑芬说过,我们说话,第一个音还没有发完,第二个音已经启动了,第二个音发了,第一个音才离开。我起初给她为这种情况起了个名字叫"动态叠加",后来又叫"接力区"。你看,在接力区里,前面那个人还没有把棒交过来,准备接棒的人已经开始跑了,一接到棒,就拼命跑。把棒交出去了不能突然停止呀,交棒的人也要跑一段才离开接力区。这种情况不限于语音的连接,我们语言交际的许多方面都有这个情况。我们的语言就是这样的。我忘了在什么地方由此赞美语言是如此的美妙。

语言不是一般的立交桥。

吕叔湘先生给我们讲《汉语语法分析问题》(《吕叔湘文集》第二卷,商务印书馆,1990),我印象很深的是有一次吕先生用图来表示结构关系,非常精彩,他后来的书里也有这个部分,集中在第四部分。吕先生许多语法论文里都有很精到的图表。这些图表,显示了语言要素间不太显豁的关系,那个关系很有魅力,显示那些魅力,就有魅力。

我小时候,起初认为空气里面是什么都没有的。汉语里不少地方还用"空气"表示"没有"。后来,老师说真空里也有一种"以太"。我后来又知道,还有各种"力、场、射线",世界万物是有各种关系的。前因后果,也是一种关系。

我很少用图表,但是也迷恋语言里的关系。我记得在《说"友"》(《语文建设》1996年第3期)里说过:"每一个语言单位,上面都长着许多不同类型的钩子和针刺,能跟别的语言单位不同程度地结合或排斥。钩子和针刺也会变化的。"

语言里用图或者不用图来说明的关系很多,例如:一、运动方向,箭头。二、树形关系,树形图。三、大于。四、等于。五、近似于。六、不等于。七、延伸段,或者可以用…——…来表示。八、交叉,用交叉线或者交叉圆。九、或者,往往用/。十、层次、层级。十一、共升共降。十二、倚变。十三、律动。十四、脉动。十五、潜显。十六、双向里一主一副。十七、一环扣一环,有递进和Z字形上升。十八、链形。十九、充电和轮休。二十、偏离。二十一、倾向。二十二、交融。二十三、排斥。二十四、包容。二十五、表里。二十六、底层和表层。二十七、耗散。二十八、隔代影响。二十九、场。三十、惯性。三十一、程度。三十二、类型。三十三、全息发展。我还看到过刘海涛用复杂网络分析方法,从一个人的基本用词看他的用词习惯,画出一个如星体又如原子运动的很复杂但是又很有规律的图来,这也是用图来说明关系。这也是一类吧。还有许多,每一类里还有许多情况,还有综合的情况。这么多的类,还可以归成几个大类。这些关系后面还有关系。魅力在于关系。

有人可能会讨论这样的问题:语言可以指称颜色,而颜色不是语言。

这里有两种情况。一种是语言后面还有语言。我们不是说

语言的要素及其关系是很丰富的

"话外有话""话里有话"吗？听话为什么要"入木三分"？有的后面还是语言。说话人要考虑到听话人的水平等因素。听话的人多了，说话人更要考虑。有时候说话人说一些表面层次不很高的话，他自己的高层次不会都不在那些话里面。每个人说的话都是立体的，含有许多层次的，但是高低宽窄的幅度是不同的。一种是话的后面是另外的意思或者事物，虽然也可以用话来指称，但是，这样的话可以指称这些，而这些话不好指称别的，别的话又不好指称这些，这些话跟这些就有了关系。指称就是一种关系。你这么一指称，人们就会出现那样的联想，联想又会有共性和个性，指称和联想发生了关系。这种关系也是一种系统，也有结构形式，也需要研究。

结构和结构之间的联系也有一种结构。例如，公路是一种结构，姑且不说里面还有公交车、出租车、私家车等的不同。此外，还有地铁呢，还有船呢，还有航空呢，还有步行呢，都是有联系的。联系，也有一种结构。

说"大语言"*

这次再说"大语言",本来是想说一些新的想法就可以了,可是不少年轻一些的学者对提出的意义以及混沌的方法等不甚了解但是又很感兴趣,所以我就得多说一些,其中包括过去说过的一些话。

大概在上个世纪八九十年代,很多学者提出了"大语言",当时提的词语不很一样,但是含义是差不多的。我1998年发表在《淮北煤炭师范学院学报》(哲学社会科学版)第3期上的《应用语言学理论发展的一般规律》记述了这件事:"第三阶段近来又提出大语言学,注重本体、应用、理论的结合,而且本体是多种多样的动态交融的。"后来这篇文章收在两个教材和一个论文集里,上面这一段话又见《应用语言学理论纲要》(华语教学出版社,1999)262页、《应用语言学教程》(华语教学出版社,2008)200页、《应用语言学的历史及理论》(商务印书馆,2009)129页。关于大语言,很多人论述过,我这里主要说说我的认识和认识的过程。顺便说一下,所谓"十年磨一剑",学术上的磨炼超过十年的事情多了去了。

那时候我们语言研究的面还不像现在这样宽,对不少领域关

---

* 2011年3月29日在武汉大学文学院的演讲。

注得不够;不少大学有的课上讨论的不少是"四平八稳""中规中矩"的语言现象,对新的好的用语关注不够,对说笑话、吵架以及广告等社会用语关注不够。那时候卫志强的《当代跨学科语言学》(北京语言学院出版社,1992),我跟龚千炎、季恒铨、刘一玲合编的《广告、标语、招贴……用语评析400例》(中国社会科学出版社,1992),王希杰的《这就是汉语》(北京语言学院出版社,1992)等好几本语言学著作和晚一些结集出版的我的《留心各种语言现象》(中国经济出版社,2003)等,在提倡大语言方面是有一定的建设意义的。

后来我们还有好几次提到这一点。例如我和王铁琨、孙述学署名的《新词新语规范基本原则》(《语言文字应用》2003年第1期)的第七节里有一段话:

> 我们说语文性的词语,除了"美丽、高兴"这一类之外实际上是跟各个领域跨界而又不很专门的词语,就是伸到各个领域里面但又不深。现在群体的知识结构也发生变化了,知识面扩大了,语文性的范围也扩大了,有许多原来认为比较专门的词语也为大众了解并且经常使用了。这跟一些术语进入语文性词语如"反馈、反思、信息"还不同,而是要把整个语文性的圈子往大里画一画。所以人们使用了一些原来的术语、行话等,这是词语使用的发展,是群体知识结构的发展,当然是社会的发展。

《语文世界》(初中版)2003年第11期罗明钢《扩大交际是网络语言的实质》是访谈我的。他提出的第三个问题是:"由于中学生猎奇和模仿的心理比较强,他们对这种语言比较感兴趣,特别在他们的作文中常出现一些此类语言。您认为应该怎样对待?青少

年学生应该怎样打好语言文字基础?"我的回答是这样的:

> 语文世界的语文是个大语文,语文世界的世界是个大世界。语言能力是其中的重要内容。我们完全可以因"中学生猎奇和模仿的心理比较强"的势来引导好。语言能力有求稳和求新两个方面,这两个方面是应该和可以结合的,语文基础包括这两个方面,共同的目的是交际到位。我们的教学也要认识到这一点。只顾稳和只顾新都有片面性。知其二不知其一,不好;知其一不知其二,也不好。我们是不是可以试着让学生知其一又知其二呢?关键还是要尽量进行实际交际的教学,模拟的交际教学要尽量结合实际交际的教学,不能让学生误以为某些模拟交际是实际交际而丰富复杂的实际交际却不是交际。语文世界是个实际的丰富复杂的世界,在这个世界里,语言交际的求稳和求新本来就是结合的,如何结合得好,也要在实际交际里磨合。

这些话的针对性也比原先的扩大了。就拿后面谈到的语言能力来说,我们现在认识到的起码就有交际能力、知识能力、研究能力、转换能力和创新能力。

提出大语言,主要原因是语言生活的发展和我们对语言认识的历史的发展。这两点是纠结在一起的。我在《应用语言学理论发展的一般规律》里说:

> 一个方面是,语言学从哲学的婢女里独立出来到再次同哲学结合。一头一尾都比较重视宏观、综合的研究。把语言是怎么回事同世界是怎么回事、人类是怎么回事结合起来考虑。注意讨论语言同世界、语言同概念、语言同所指、语言同

文化、语言同使用的关系。

中国古代说,道,是说不清的,姑且那么叫吧。认为语言的表述不是万能的,它的功能是有层次的,有不少东西语言是表述不了的,所以说"言语道断",不是说你一说话你就离开道了,而是说用语言表述出来的不是道本身。但还是可以姑且用语言说说,起个指示作用,犹如手指头指月,手指头不是月,动物的脚印告诉你怎样找动物,脚印不是动物本身。语言有用,对语言又不要迷信,语言同所指是大概其的关系。定名又有主观色彩和人们选用名的时候有主观色彩。

名物关系之争是语言观的大讨论,涉及逻辑学。关于语言的作用,涉及语言的力和场。

但是一个时期流行"我注六经""六经注我"。前者忽视时代的演变,后者是实用主义,造成语言观的一度停滞。

那时候,对语言本身的研究不够。语言有它的特殊性,主要表现在物质与精神的结合方面比较特殊。此外,语言是多维的,分层次的,动态的,系统的。系统不等于静态,语言的系统正好是它内部外部的运动造成了动态的调节。语言学成为哲学的婢女,也因为语言研究有一定的局限性,对语言本身的认识大而化之,说法也比较空灵。"言为心声",是很有见地的,但是缺少分层次的理解和说法,缺少分角度、分语体的说法。总的背景是化到哲学里面去了而没有很好找到自己的位置,这是语言学当时不发达的一个重要标志。

那时候也没有讨论语言理论的专门著作。而是许多理论著作里涉及语言学。后来语言学独立出来。语言学又经过历时研究、平面研究到纵横交错的研究。一度侧重本体、微观、局部的分析。分析、分析再分析,并不是西方固有的思想方法或者研究方法,而是世界一个时期的产物,从语言学来说,是对历史局限性的反抗和跟历史优秀传统的分离。语言学离开哲学太远了,自我膨胀,其实还是没有找准自己。这是语言学发展中含有倒退。进步是对语言内部结构的认识更清楚了。但是,对原来语言哲学里的一些大的问题的讨论,没有什么发展和补充。

近来,语言学又同哲学结合了。一是对历史上这种结合的一条线的继承。二是当前语言研究、语言生活、语言工作涉及许多理论和哲学问题。三是人们发现分析、分析再分析的思想方法有许多局限性,需要用分析和综合相结合的方法。十几年前萧国政提出,语言学里,语言哲学是魂,本体研究是魄,应用研究是胆,说明了三者的区别和联系。

我们再从另外一个方面看看。第一阶段,我国古代是语文学,注重应用,虽然应用的层次比较低。第二阶段,近一百多年来,成了语言学,注重本体研究。第三阶段,近来又提出大语言学,注重本体、应用、理论的结合,而且本体是多种多样的动态交融的。

从大的方面来说,作为哲学的婢女,或者是语文学,注重综合、跨学科、宏观、应用,但是比较空灵。作为语言学,注重分析、微观、本体,但是简单化、单打一、找精密的规则和模式,把语言表达理智作为语言唯一的功能,习惯于搞运动、搞单一的标准和规则、搞低层次启蒙的而且是一次性的教育。现在语言学同哲学的再一次结合,或者说是大语文,是语言生活主体化、多样化的结合,是跨学科、理论、本体、应用研究的结合。方法上是综合、分析的结合,纵横交错。

目前,我们处在第二阶段到第三阶段之间。已经踏入第三阶段了,又有第一、第二阶段的长处、短处的推动和制约。我们身上有原来传统的长处,又有当前丰富多彩的语言生活需要的长处,但是也有过去的短处的影响。我们需要紧密结合语言生活,这是我们学术发展的主要营养和主要动力。此外,注重学习、研究理论,理论和实践紧密结合。我们希望,我们的语言学再次跟哲学结合,既独立又不割裂,既结合又不混合。(见《应用语言学教程》198—200页)

上面还有一处说是"大语文"。

关于对语言认识的历史的发展,近一百多年来,许多语言学者更是在追求大语言。我在《二十世纪的中国语言应用研究》(书海出版社,1996)25—26页说:

> 我们正在送别20世纪,迎接21世纪。我们正处在我国语言学进入又一个崭新的历史时期的胎动期,我们在为新生儿的出现做最后阶段的准备。这个崭新的历史时期的重要标志是:语言基础理论和应用研究的高层次的结合。从一个相关的侧面来看是:学习外国跟我们的实际尤其是汉语的实际高层次的结合。
>
> 合久必分,分久必合。总的低层次地合了大约四千年;上个世纪之交开始高层次地分,到现在高层次地合,花了一个世纪。这一个世纪,可以说是两者若即若离相互牵制相互推动的历史,也可以说是优秀的语言学者苦苦寻求两者高层次结合的理论、方法、道路的历史。
>
> 今天,我们能迎接新生儿,前人作了许多努力和准备。今天,我们遇到许多问题,往往需要到历史里去寻找原因,从而探求进一步解决的办法。

关于近一百多年对语言认识的历史的发展,我在我主编的《应

用语言学概论》(商务印书馆,2003)12—13 页上说得比较好:

> 20 世纪,可以说是这样的历史:应用语言学同本体语言学苦苦地探求高层次的结合,在探求的路上摇摇摆摆地前进。20 世纪和 21 世纪之交正在出现的高层次的结合,是中国应用语言学进入新世纪的重要使命和重要标志。

《应用语言学教程》27 页说了这个意思之后,做了两点说明:

> 一是这里说的"高层次"包括两个方面,一个方面是结合的双方层次都很高,还有一个方面是结合的层次很高。
> 二是上面说的一百多年来中国应用语言学史的总线索,换一下说法,说成"本体语言学同应用语言学",也就是一百多年来中国本体语言学史的总线索。总的来说,也是一百多年来中国语言学史总线索的重要部分。

关于语言生活发展这个原因,我还在《积极建设普通话》(《语言文字应用》2009 年第 3 期)里说:

> 由此我想,建设普通话,更重要的是建设我们有关人员对于普通话的认识,甚至于是进一步解放思想,进一步调整语言观。其中有一点,是要比较充分地认识到人们语言交际的速度、时间和空间的变化带来的交际内容、形式等方面的变化。过去常听说什么北京可大得去了,有人住南城一辈子没有去过北城,有人住北城一辈子没有去过南城。现在不同了,北京到天津的城际铁路只要半个小时。还有说某国是汽车上的国家,某国是摩托车上的国家,不知道我们中国应该是什么车上

的国家,不过中国的汽车是多多了。我有个朋友说,他有了私家车之后,交际范围增加了十倍还不止。我想,他有了私家车,晚上甚至半夜出来也比步行等方便多了。此外,现在还有网络、手机、MSN 许多交际方式。这样一来,人们的视野扩大多了,我们已经认识到语文词语的范围要扩大了,现在要进一步认识到人们对语言的认识的范围都扩大了。我们从事语言工作、教学、研究的人要认识到由此带来的语言方面的许多变化,及时调整我们的语言观和我们的工作,包括有关普通话的工作。

我在《推广普通话 60 年》(《语言文字应用》2009 年第 4 期)最后说:

> 我们许多人的语言生活在发生变化。改革开放,人员的流动加大加快了。农民工进城又回乡,有的农村在城镇化。别的人员的交际也发展了。交通便捷了。还有交际工具也发展了。这至少带来两点变化。一是原来我们认为是方言语句的,现在进入普通话语句了,或者至少是跨界的方言色彩语句了。二是许多人听各种地方普通话或者方言也比较多了,起码听非标准普通话的本事比以前大了。总之,我们原来说的交际里的方言实际隔阂比原来小了。

我们说的大语言,就是指语言的方方面面。应该是语言方面的,不要自设隔离墙,把它从语言里隔离出去,更不要自设隔离墙把语言内部有联系的部分隔离开。这样,会涉及有关的语言观、方法论等许多问题,还可能部分解决了一个概念问题,我们过去说的部分非语言交际或许属于语言交际本身。我们说的大语言到底有多大，认识会有一个过程。我们今天认识的大语言，比我们在上个世纪八九十年代提出的大语言的认识进了一步，过一段时间我们关于大语言的认识还会进步。这个进步，一是我们的认识提高了，还有一个原因是我们的语言生活发展了，语言发展了，语言进一步显现了。很多学者顺着语言生活发展的势，在做许多扎扎实实的研究工作。由此，我们可以进一步认识到我们许多研究的重要意义。

大语言，从观念说也是从方法论来说，实际上也是选优，是更加切合实际。它是综合观和分析观的结合，整体观和部分观的结合，宏观、中观、微观的结合，交叉观和区别观的结合。但是它也是有针对性的，当前比较多地关注综合、整体、宏观和交叉。这里有个事实和认识的不同。事实往往不是分割的、拼合的、划一的、纯而又纯的，但是我们的认识有时候会这样。例如，我们往往注意写文章这一部分跟那一部分不要太重复了，但是不怎么注意这一部分跟那一部分的联系，尤其是内在的有机的联系。我们有时候一篇大论文几个部分的分析都挺好，但是说到几个部分的联系就很费劲。还有，我们分析几种说法的同或者异都挺好，但是要说到其中同中有异、异中有同就感到太复杂了。我们有时候还会觉得你这么说跟那么说是能相通的就会有些问题，其实我觉得能说出相通是一种本事，很多事物是相通的，通不等于相同，它有侧重点的不同，有类型和程度的不同，不同而和，相生相克。说出相通，就是说出关系、联系。关系和联系是很重要的。关系和联系的一方，可能是另一方运动的条件，可能是相互沟通的纽带。关系和联系也可能本身是一个层面，是一个系统，需要我们专门好好研究。相通是有层次和方式的不同的，例如是通往上层、同层还是下层以及它们的方式，都是需要我们研究的。不要把没有多大关系的硬扯上关系，拉郎配，要把是关系的认识到有关系。我们常常会不切实际地欣赏或者主张或者实施"统一论""划一论""共识论""取直论""纯洁论"。我记得1998年夏天我们在黑龙江大学里开全国语言应用学术研讨会,在一次分组会上,施春宏报告论文,关于语言规范提出了很好的心得,接着有一位发言,说了不少批评的意见,说了不少关于语言规范过头的意见。主持这个分组讨论的尹世超指着自己的胳臂表态说,我们的血管是不直的,但是有人觉得不好看,硬要把它拉直了。我很欣赏尹世超形象、生动、机智的比喻。

大语言,是视野开阔,关注到交叉、联系和区别,关注到语言的本体和使用,关注到分层次的方方面面的人——使用者、教学者、工作者、研究者。说中国的许多应用语言学者是兼搞语言本体研究的,还有中国的传统是语言和文学不分家,文史又不分家,语言学起初又从属于哲学,所以,中国搞大语言可能有便利的条件。所谓语言信息,也应该是大语言信息。我最近看张炜的博客,他是大作家,我看到他最新的一篇博文是《圆融·思辨·质朴》,副标题是"读《老子纵横谈——天不变道亦不变》有感"(2009年3月13日),这显然是关于哲学的。还有几篇是关于文学、文化、历史、医学的,我列在这里:《苏东坡不但会作文,还会开药看病?》(2009年3月6日)、《〈济南时报〉记者专访〈芳心似火〉》(2009年3月3日)、《我们究竟应该相信中医什么?》(2009年3月3日)、《好纸好墨就一定出好的字画吗?》(2009年2月19日)、《看古人和今人的着装,哪个更美?》(2009年2月12日)、《抢占实地就一定能赢棋吗?》(2009年2月11日)、《山东人的祖先是游牧民族?》(2009年2月10日)、《秦始皇接连"出差"就是为了寻根问祖?》(2009年1月10日)、《日本首位天皇"涮"了秦始皇?》(2009年1月7日)、《秦始皇焚书坑儒真的只为报仇?》(2009年1月6日)、《古代炼丹求仙者到底是长命还是短命?》(2009年1月5日)、《亲爱的读者朋友,您好》(2009年1月5日)。我们中国的传统是语言文学不分家的，我听张炜说过他跟文学青年谈语言的事情。现在许多语言学专业还在中文系里面。我那时候也学过许多文学方面的课程，我们同班文学专业的同学也要学许多语言学方面的课程。还有一个传统是文史不分家。很多历史著作是优秀的文学作品。这些学科都关注哲学，语言学尤其如此。所以，我觉得，中国搞大语言或许有便利的地方。2009年11月27日开会的时候，华东师大的毛世桢跟我说到我们要有大历史观。我觉得，我们的语言要搞大语言，我们的文学、史学、哲学，也要进一步搞大文学、大史学、大哲学。搞大语言，有助于搞好大文学、大史学、大哲学。

如果不在整体的背景下面谈部分，容易只见树木不见森林，容易有片面性。我在《二十世纪的中国语言应用研究》31—32页上说过：

> 做学问，宏观的认识和开放、联系的思想是很重要的。语言好比是棵大树，如果不要它树冠上的嫩枝新芽，又不要它地下的根须，那它成了一段圆木，不是活的有生命的语言。大雨过后，它上面可能长出不少蘑菇、木耳，一定不要因此以为它有蓬勃的生命力，那只是在消耗它残留的些许活力。只有着眼于整棵活的树，才能有效地研究它的部分。大而言之，还不能只见树木不见森林，不见阳光、空气、水，等等，否则，那棵整棵的活的树，在大的范围里，还是被锯断、砍去枝杈的圆木。

还有同和异的问题，事物往往是你中有我、我中有你的。我们需要求同存异，也需要求异存同。异是不同点，往往是生长点，也往往是个性、风格。

我特别欣赏尹世超的那个比喻，还因为他考虑的是人。我们搞大语言，它的根据、出发点、方法和归结点，都是人。人是语言的创造者和继续创造者,是语言的使用者。语言是人跟人、跟别的交际、交流、交换、沟通的极其重要的工具,人用它来交际、思维、认知。人的交际、思维、认知没有单一的,只有侧重点不同。问题是,我们怎么真正认识这一点。我们常常说说话要通俗,为的是唤起民众。为什么是唤起呢?唤起以后呢?或者主要把民众当作调查、指导、研究、监测的对象。有时候当作"俗实",有时候连"俗实"也不当。我们怎么把大众作为学习、咨询、服务的对象,作为参加的重要力量,需要研究。有一点需要注意的是,要请大众介入。我们要真正服务大众。

这里有一个问题,人又是分层次的,我们的服务和请大众介入也分层次。怎么做,也需要探索。这里有个问题,要团结大多数,不要动辄指责有些人在象牙塔里面,如果他的研究是需要的,他又没有妨碍你的工作,你的指责恐怕也有点过分了,也不见得你的就是方向。

冯志伟在《现代语言学流派》(陕西人民出版社,1987)10—11页上说得好:"历史比较语言学家们对于他们的成绩太乐观了,以至于保罗在1870年公然宣称:只有研究语言历史的语言学才是科学,其他的研究都不是科学。他傲慢地把其他方面的语言学研究一律排斥在科学的大门之外。这种唯我独尊的态度必然要阻碍语言学的进一步发展。"我们还要切记批判所谓"马尾巴的功能"和在知识分子里"掺沙子"的历史教训。还有,王力先生的讲话在今天还是有现实意义的。1980年10月22日下午和23日全天,有13位代表在中国语言学会成立大会上做了学术报告:

王力的报告以《我对语言科学研究工作的意见》为题。他在回顾过去三十一年语言科学研究工作所走过的曲折道路时指出:"研究洋的东西、古的东西,有的成果在短期间内很难适应实践的需要,但是,只要是对国家、对人民、对科学发展有用的,就不能说是脱离实际的。"(大会秘书处《中国语言学会成立大会纪要》,中国语言学会编《把我国语言科学推向前进》206—207页,湖北人民出版社,1981)

我们的研究当然应该有重点,但是重点不等于一点,重点也是会变化的。大语言要包容,要尊重各个有益的方面。不要一会儿以为这样的研究将要没有饭吃了,一会儿以为那样的研究将要没有饭吃了。我们尊重那些在清苦中坚持有益的研究的人。我们也希望都在认识到大的需要的情况下做好自己的研究。统观全局的人当然是需要的。越是统观全局的人越不会轻视一时或者长期不是重点的但是有益的研究的。

还有一点,是内行领导内行呢,内行领导外行呢,外行领导内行呢,还是外行领导外行呢?内行外行都是相对的,其中还有几乎是半内行半外行的各种程度不同。这可能也是一个需要研究的问题。还有一个情况也是分层次的:层次不同的"自娱自乐、自娱人不乐、自不娱人乐、自不乐人也不乐"。"自娱自乐"也不一定是层次低,也不一定是不好的事。还有一个是沉默的大多数,或者是没有公开表态的大多数,你怎么知道这个大多数的态度,这是极其重要的。大众的实际语言生活是语言工作、教学、研究的原动力。但是我们认识这个生活;如果跟运动的条件结合起来认识了,它是语言事实,也就是语言运动的秩序;如果跟运动的条件结合起来认识不够的话,它还近乎是语言现象。

涉及方法问题。这要考虑到你对研究对象的认识的变化。我觉得,搞大语言,主要不是细化,主要是找结合点。这个结合点是人。领域语言是人在不同领域里面使用的语言。方法主要是混沌的方法。宇宙里面情况是各种各样的,石块那么多,运动方式那么多,它就是那个样,你能"统一论""划一论""共识论""取直论""纯洁论"?你只能调整你的认识。我喜欢东拉西扯而有个大概的中心,唯中心不好,没有中心也不好;唯东拉西扯不好,没有东拉西扯也不好。中心也是相对的,也可以是许多人,星系有许许多多,又组成一个大极了的宇宙。

1996年11月27日我们"语言哲学对话"讨论"语言的人文性",曹志耘说同年11月13到15日,在中央民族大学召开了中国少数民族语言研究理论方法研讨会。会上,中央民族大学的张公瑾教授做了题为《走向21世纪的语言科学》的中心发言。他在分析了社会背景、时代思潮和语言学发展史之后,指出21世纪的语言科学将"走向文化语言学"。这个观点主要基于几个根据,第三个根据是:

> 混沌学(Chaos)理论将成为人类科学文化包括语言学发展的重要思想。混沌学"是一门以直观、以整体为起点来研究混沌状态的复杂规则性的学问"(张文)。混沌学认为线性的有序运动不是现实世界的普遍存在形式,非线性的混沌运动才是普遍的。我们知道,以往的语言学重视语言的有序状态,而忽视语言的非线性的混沌状态。可以预料,把混沌学引入语言学,必将引起语言学理论和方法的巨大变革。(于根元等《语言哲学对话》49页,语文出版社,1999)

我在"应用语言学理论发展的一般规律"一节里介绍了有关的理论:

> 《光明日报》1990年3月5日有一篇薛福康的报道《"蝴蝶效应"的魅力——记悉尼紊乱论国际会议》,说很早就有人

悟出了紊乱论的道理,70年代紊乱论逐渐形成,80年代影响科学界的观念。报道说:"紊乱论的一个基本观点是:看似混乱无规则的现象里存在着秩序,而公认为有秩序的系统里又存在着混乱。前者如气象、云彩、水流、海岸线、树杈,后者如钟摆的运动、心脏的跳动,以及土星的卫星'土卫七'跳跃不定的绕行轨迹。欧氏几何、牛顿力学和爱因斯坦的相对论使人们习惯于思考有规有矩的状态或规律性的发展过程。其实,那种规整状态或过程只是千变万化的自然界真实现象中的'例外'。在研究紊乱论的学者看来,宇宙间普遍存在的是紊乱状态。规整状态只是紊乱状态中的一种特殊情况。""紊乱论",现在比较多的称为"混沌学"。这种思想应该说在我们东方哲学里很早就有了。理论、方法,东西方互相借来借去的或者"英雄所见略同"的情况是很多的。(《应用语言学理论纲要》275页)

我们要照顾到方方面面的人,怎么办? 这里也涉及方法的问题。我基本上采取两种方法。

一种是找结合点或者结合部。很多事情有结合点或者结合部,或者可以说是契合点、契合部。语言学的大的结合点是文史,再往上是哲学。哲学太重要了。本体语言学和应用语言学有很多结合部,交际理论是本体语言学理论和应用语言学理论的结合部,但是分属于不同部分,有许多不同。"实事求是"是务实和创新的结合部。有的不同语言现象有交叉点,这交叉点的研究最难也最有用。对很多方面的人做语言文字工作,也要考虑找结合点或者结合部。例如,研究作家作品语言的一个目的,是通过提高作家作品语言来提高许多人的语文水平。还有注重教育部门,国民都要经过义务教育,许多大学的本科教育也成了平民教育,做好教育部门的语言文字工作,关系到许多人的语文水平。我们调查过一些小学和中学,发现小学生、中学生直到一些大作家的语文问题有许多是共同的。还有,做好媒体的语文工作也很重要。还有,我们还抓语文使用的大户。

还有一种是这样的,我们发出的电波常常是动态扫描的,常常有一定的幅度。水平低和水平高的人、内行人和外行人尽可能都照顾到。对于水平低一些的人或者外行人,你总要让他们能懂字面意思。对于水平高的和内行人,要给他们更多的东西。或者说给许多人不同层次共振的条件。换个角度说,有的大作品不是放在小学课文里吗?那是让小学生接触那些大作品里一般的东西。还有是不是做得好的问题,如果做得好,就是演"小放牛",水平高的人和内行人都爱看;如果演得不好,水平低的人也不见得爱看。还有,水平高低以及内行外行是动态变化的,要随着这样的变化而变化,所以要做一定的调查研究。

总之,面向许多人的时候,尽可能想办法照顾许多人、团结许多人。这就要求你提高水平和包容度大。我们要切记,尽可能避免纠枉过正,更要避免纠"正"过正。

我发现我上面说的这些话频率很高的可能是"结合"这两个字。我们要避免中国语言学发展的第一阶段的不足是要"结合",跟哲学、史学、文学结合而不是混合。避免中国语言学发展第二个阶段的不足还是要"结合",跟哲学、史学、文学的高层次结合,而不是割裂,而且是内部外部许许多多方面的高层次的结合。我们要突破语言的历时和共时研究的严格限制,还要突破许多空间的严格限制。主要是建设。

还有一点,讨论这个问题,也是从另外一个方面讨论了语言全息发展理论。语言全息发展理论不等于共同论,否则是语言的机械全息论。要宽松,一批人很宽松地讨论,相互攀升。一个人、一些人的认识难免有局限性。一批不同认识的人经常宽松地讨论比较好。

我在《中国应用语言学的形成和发展》(《语言文字应用》2010年第1期)里说:"我们需要紧密结合语言生活,在大语文的'大'上做好文章,热情地主动地拥抱大语文,这是我们学术发展的主要营养和主要动力。"我们一起在大语文的"大"上做好文章。

谈谈关于读书的几个问题[*]

先有三点说明。

一是我不想面面俱到。这不是上课，上课我也不面面俱到。这是讲座，谈有关的几个问题。谈五个方面：一、为什么要读书？二、读什么书？三、怎样读书？四、书从哪儿来？五、读书还是不够的。虽然几个方面还比较全面，但我只谈其中的一些认识。第一、二两个方面还是后面几个方面的引子。五个方面也是大概分分，内容有许多交叉。

二是我认为教育是要高质量地及时地满足和引导社会现在和未来的需要。而且今天来的也不限于本科生，所以我会谈一些本科生以后需要考虑的问题。

三是主要谈自己的看法，会比较多地举自己的例子。

先谈为什么要读书。

读书的一个目的是"运用他人的智慧"。我的朋友苏州教育学院教授黄岳洲在他的第二本文集《语言文学与教学新论》(陕西人民教育出版社，1997)里的《教师进修经验谈》里说："真正的强者不但会运用自己的智慧，更要会运用他人的智慧，从而发挥更大的光

---

[*] 2011年3月31日给江汉大学有关师生的演讲。

和热,这就是交益友。"(601页)我们再进一步,就是吸取别人的智慧,把别人的智慧变成自己的智慧,并且加以发展,换句话说,就是攀升。

这里实际上说到了强者的一个重要条件:首先要在向别人学习方面强。一个国家如此,一个群体如此,个人也是如此。国家、群体、个人的存在和发展都不是孤立的,都不能自足,都需要吸取能量才能存在和发展。人为什么病了、死了?因为吸取能量的机制和能力不行了。不向别人学习强不起来,不向别人学习还以为自己强,那是霸。如果起初向人学习了,强大起来了,后来不向人学习了,那是后来成了霸。霸必衰。"更要会运用他人的智慧"这个经验,黄岳洲也是从古人、师友那里学来的。他说,叶圣陶先生跟他说过:"以能者为师友特别重要。"(同上)叶圣陶先生自己就跟吕叔湘、朱自清、陈望道、夏丏尊诸先生友好合作,撰写了许多传世之作。大学者都不是孤立的,都有许多学术上的老师和朋友。

黄岳洲没有读过小学,初中只读过一年,高中只读了一个月,大专也只旁听了一年。他的成就主要来自广泛地向师友学习。

他少年时期,苏北正是战火连天,他断断续续读了一点书。1951年前后,被送到北京师范大学进修。那时候,北京师范大学、清华大学、北京大学三校的教授相互兼课,别的单位的著名学者也常常到北京师范大学兼课。黄岳洲凭着勇气和毅力,课外还拜访了许多专家,以求治学之道。那时候,著名专家也比较容易拜访到。他先后拜访了黎锦熙、陆宗达、罗常培、艾青、田间等56位。黄岳洲满载而归,回江南准备把他访问的56位专家论治学的经验加上古代学者的治学经验汇集成册出版。不料来了一场风雨,这份宝贵的资料也被人强行拿走。20世纪80年代中期,他再次收集专家治学经验,也是56位。有苏步青、王力、冯友兰、俞平伯、姚雪垠、施蛰存、臧克家、罗竹风、霍松林、秦牧、徐中玉、袁静、曹余章、张中行、金克木、张寿康、碧野、敢峰、竹林、吕叔湘、段力佩、草婴、赵家璧等。他同穆央、陈振编成《怎样读书最有效》,语文出版社 1990 年出版,很受欢迎。黄岳洲再次收集专家的治学经验,是继续向师友学习。我今天谈的,也参考了他的《怎样读书最有效》。所以,我主张我们的学生多访谈学者。你在北京,有这方面的优越条件。

关于为什么要读书,黄岳洲他们那本书里曾任北京景山学校校长的敢峰的《话说博览群书》里概括了六点:"第一,开阔视野;第二,了解各种信息;第三,学到各种知识;第四,增进智慧;第五,了解各种思想观点;第六,丰富文化、精神生活。"(113 页)碧野在《思想的翅膀,感情的花蕾》里更是激情地说:"爱读书,是一种美德。"(110 页)碧野说的这一点很重要,这种美德,我认为主要是谦虚,善于学习,善于吸取。

二是读什么书。

《怎样读书最有效》里《吕叔湘闲话读书人》说了三类书。一类是"有关自己专业的书"。"这类书无论在什么时候,什么条件下都是一定得读的。它们是一个专业人员的立身之本。"第二类是"与专业有关的其他门类的书"。第三类是"做一个现代中国人的必读之书"。(都见 121 页)

王力在《谈谈怎样读书》里说:"我们研究一门学问,不能说限定在那一门学问里的书我才念,别的书我不念。你如果不读别的书,只陷在你搞的那一门书里面,这是很不足取的,一定念不好,因为你的知识面太窄了,碰到别的问题你就不懂了。过去有个坏习惯,研究生只是选个题目,这题目也相当行,但只写论文了,别的书都没念,将来做学问就有很大的局限性。如果将来做老师,那就更不好了。"(同上 3 页)

我读书很杂。语言学之外的书大概占了我读的书的一大半。

我也读过很多非经典的书,武侠小说、言情小说、金瓶梅全本,我觉得也没有被误导,我觉得也挺好的。我不信,我们的学校抓思想教育抓了几十年,现在学生的觉悟还不如我们那时候。

读书还不仅仅是一般情况下的要杂。有人说某某大数学家就抱着一本书读,不知道是不是这个情况。还有的说半部《论语》治天下,许多人读了几遍《论语》,甚至能背,也不见得能治天下,有的人连自己还治不好。有的人一辈子几乎就抱着一个题目,本科论文是它,评教授还是它。有人说,某某如果专攻历史,不要文学什么的都搞,学问就会大得多。我看也不见得。我们有时候是一通百通,有时候是百通一通,两者都有个层次,通都不是一次性的。我们需要一通百通和百通一通相结合。过于强调一通百通、抱着一本书一个题目,可能是太迷信机械全息论了。

读书要读有读头的。艰涩的、吓唬人的我一般不读。我们当编辑的审到这样的稿子一般也不用,因为学风、文风不好。有个大学生跟我说,她看到一些书,太高深了,看不懂,她感到自卑,对那些书五体投地。我说:那些书你不看也罢。你也是大学生了,你看了觉得自卑的书不看也罢。好的书,应该是让你长志气的,让你看了觉得自己也可以试一试的。脾气不好的,好训人的,我们惹不起躲得起,你干吗要找训去?

我为夏中华主编的《语言学教程》(辽宁人民出版社,2000)写的序里说:

还有,不少人一谈起理论,就同拒人千里之外、冷冰冰、莫测高深、枯燥无味挂起钩来。其实,理论具有实践的性质,还是一种修养,是通人性的。有大学生跟我说,她看到一些理论,太高深了,看不懂,她感到自卑。我说,一般的情况下,连这个专业的好的大学生字面上都看不懂,叫人看了不长精神却要自卑，那么，你别信它的，它至少不高明。我想，这样或许会长许多大学生的志气，会使故作高深的所谓理论缩小市场而改弦更张。

我们经常碰到一些吓唬人的人，被吓唬了之后又去吓唬别人，把做学问搞得很恐怖，好像不恐怖就不是做学问。还有总结出做学问的三个阶段，最后是众里寻他千百度，在灯火阑珊处发现了。注意，是寻了"千百度"。我们能不能提倡快乐读书、快乐做学问？按规律办事，应该是快乐的。

写书一般有三个层次。低层次是内容浅表达也浅，中等层次是内容深表达也深，高层次是内容深表达浅。不要把高层次的表达浅同低层次的表达浅混淆起来，也不要把中层次的表达深同高层次的内容深混淆起来。从中层次到高层次是提高而不只是放下架子。等而下之的是内容浅而表达故作高深。

跟这个认识相关的，是华南师大教授沈开木叫他的研究生读书要入木三分。中国书法写得好的入木三分，文章写得好的也入木三分，我们读也要入木三分。沈开木说，首先要读懂字面上的意思，比较深的是读懂字面背后的针对性，更深的是领会作者写作的大的意图。

读书入木三分，要领会作者的暗示，要掌握读解的钥匙。书里不同于一般的地方，例如情绪大变化的地方，故意含蓄的地方，似乎有点离奇的写法，说了两三遍的话，都要特别注意。

读书要敏感。有些看似没用的东西，实际上都有针对性。那往往是伏笔。我们读书要注意字面背后的东西，要入木三分。这里已经说到怎样读书了。

三是怎样读书。

读的方法无非是精读和泛读。大体说来，基本的、理论性强的、很有见解的,要精读,像教材;其他的杂书、闲书可以泛读。有的需要精读的书,起初可以先泛读。还有,高兴的时候、精力充沛的时候可以精读。

研究一个问题,要了解现状,一个是事实和问题的现状,一个是研究和解决的现状。了解第二个现状,要读许多有关的书。有人说,书浩如烟海,我们怎么知道这篇论文里的话别人已经说过了?我说,你都不知道别人说过没有你就敢写论文?你都不知道别人说过没有你就敢评别人的论文?

精读要做札记。很多大学问家说要做卡片,做批注,做札记。做札记是把生语料加工成熟语料,是梳理问题。梳理问题也是发展学术。不做札记,书基本上还是作者的。做了札记,许多部分可以说被自己吸收了。王力在上面那篇文章里说:"看一本书,如果自己一点意见都没有,可以说你没有好好看,你好好看,总会有些意见的。""如果你作了笔记,又作了眉批,读书报告就很好写了。"(《怎样读书最有效》7页)

要了解一个领域里的情况,起先一定要这么读书。好比烧水,起先要用大火,烧到水开了,到了临界点了,日子就好过了,就不用大火了,用维持量就行了。再看有关的书,主要挑着看一些新见就可以了。

不能跳过第一个阶段。没有经过第一个阶段,就拿起第二个阶段的做派,三下五除二做出判断,肯定出大错。

我们读书要想一想:他们有贡献,凭的什么条件。他们有不足,什么原因造成的。如果让我们来修改,怎么修改。

有两部书我读得很细。一部是范文澜的《中国通史》。那是在河南明港五七干校,林彪已经死了,运动也搞不下去了,但是还不让我们回北京。正好有时间读书。这部书我读了半个月。还有一本是王存臻、严春友的《宇宙全息统一论》(山东人民出版社,

1988),1994年春天,我读了半个月。这实在是一本好书,是一座富矿。我写了书评《语言的潜、显及其他》(《修辞文汇》,江苏教育出版社,1996),发展了潜显理论,还进一步发展了"语言内核外层互补说",提出语言喷泉现象。

札记不一定是关于一本书的,往往是就一本书联系别的书,有的就一个问题谈到好多书。

札记很有用,往往是以后写论文的亮点,是以后写大论文或者书稿的"预制板"。写札记还是一个中介理论的体现。

还有,读书"不求甚解"不一定就是缺点。需要甚解就甚解,不必甚解就不要甚解,甚解不甚解也是相对的,分层次的。有的人的所谓甚解可能还不如别人的不怎么甚解。

读书切忌被书束缚住了。顾颉刚在《怎样读书》里说:"我们的读书,是要借了书本子上的记载寻出一条求知的路,并不是要请书本子来管束我们的思想。"(《怎样读书最有效》16页)古人说过"开卷有益",也说过"尽信书,不如无书"和"不唯书"。有人说识字是启蒙,也有人说"人生识字糊涂始"。有人说读经如何如何好,也有说人生艰难困苦起一经。"腹有诗书气自华",也不见得。我们江苏老家说小孩子读书是放猪,我不知道为什么这么说。还有叫书呆子的,我们老家一带把傻子叫呆子,书呆子是因为读书而傻的。所以读书有两个前途。

读书,实际上是同写书的人交谈。切忌掉书袋。我们不少论文是语录汇编。有篇论文说某某斯基说的"说话要看对象",好像不引某某斯基就不行了,人家就不信了,一引某某斯基说的问题就解决了,就万事大吉了。这是引证病。中国古代叫掉书袋。我们重要的是要解决问题,而不是要显示自己怎么有学问。某某斯基本人说过了不是还没有完全解决问题吗?你引一下就能很好解决问题了?也有很多人认识到"说话要看对象",也不是因为听了某某斯基的话才认识到的。引某某人说过,只能是修辞手法和研究过程中认识到前人研究到哪个阶段了,不能作为发展学说的重要论据。

泛读,量要大一些。大学上"现代文学史",一下子讲那么多作品,现读哪来得及?我中学基本上都读过了。从中学开始,我一般一天的阅读量几乎是 5 万到 10 万字。红楼水浒三言二拍,鲁迅的除了翻译和学术著作我都读过,有的读过好几遍。茅盾、巴金、老舍、叶紫、柔石、契诃夫、莫泊桑……也都是。后来还读大型文学刊物。

四是书从哪儿来。

我小学的时候有个朋友摆书摊,我拿他书摊上的各种书来读。初中的时候同班同学任长宝有一次在读一本很厚的外国翻译过来的《彭斯舅舅》,我说读过了借给我读。他说是在上海江苏路长宁区第二图书馆借的,他带我去免费办了借书证,我从那个图书馆里读了许多书,有许多新出的现代作家的选集。还有是借别人的书来看。初中的时候,新出了《三国演义》,别人在看,我说就借我两天。两天,别人同意了。我借来看,看得快极了。高中的时候,我父亲的朋友张先生看我和我姐姐要高考了,没有好一些的地方做功课,说可以到他家去做。每天晚饭以后,我们到他家二层楼的前楼去做功课。他们家有个孩子叫大毛,在读初中,大毛跟我们一起做功课,不懂的地方好问我们。张先生家有许多藏书,是他弟弟在新中国成立前读大学时候的藏书,鲁迅、郭沫若、卞之琳许多人的书,许多是一套一套的丛书,还有许多杂志。张先生让我随便看。书的主人不是上海名牌大学的,也不是搞文科的,藏书那么多,可见得那时候的大学生读书也不简单。我大学时候可读的书多了。南京大学好几个图书馆让我们借书,一次可以借好多本。我几天就去换一次书,还有一个开架的一般书的图书馆。中文系图书馆也很厉害,有一次鲍明炜老师上课说怎样利用图书馆和工具书,就是专门在系图书馆上的课。有人说"没有书的人读书",很有道理。不过,后来我也有了许多藏书,我也是读了的,因为以前有了读书的习惯。

我刚到《中国语文》编辑部的时候经常担任一审。拿到一篇稿子,判定能不能用,主要看它有没有新见。我要查有关的著述。主要靠论文索引,由近及远。至今还没有大学者说过的,还没有人说清楚的,可能是这篇稿子的新见。要了解当下研究到哪一步了,要判断某一篇文章有没有新见,我们不是由远及近地查阅。有的是看新的概论性的书,如果概论里都说了,就不是那篇稿子的新见。书海茫茫,了解问题研究到哪一步了,不是没有办法的。连这个都不知道,还搞什么研究?

我这样读了很多书和论文。我们这样的审稿意见其实都是读书札记。比一般的读书札记水平高,那是要用的,要很负责任的。一篇一篇都要作为二审参考的。二审有不同意见还要到三审手里的。稿子如果录用,有的还要到主编手里的,起初主编是丁声树,"文革"结束之后是吕叔湘。审稿单都要存档,这是重要的凭据。

图书馆是书的主要来源。图书馆的书是公共财产。图书馆是学术机构的重要标志。我们介绍或者参观学术机构,经常介绍和参观图书馆。中国社会科学院语言研究所一百来人,记得我在那里的时候有100万册精品。中国文字改革委员会(后来叫国家语委)的图书馆由语言文字应用研究所管,我当过研究所的领导,对图书馆的投入很大。那时候,我们还有几个图书馆的借书证:首图、北图、中国科学院图书馆。我们图书馆要买什么书,也会征求大家的意见。图书馆不仅藏书要丰富、精当,更重要的是流通顺畅。我听说有个人做学问,老跟着借一个有学问的人借过的书来看。我想图书馆有好多事情要做:调查图书流通情况、发问卷征求借阅者意见、阅览室里放许多开架的工具书、研究一些成功的人读哪些书。还可以看看一些人家里的藏书。语言所一位硕士毕业后在图书馆工作,还编了跟十三经注疏和道藏有关的两部版本很好的影印书。

五是读书还是不够的。

读书是很重要的,又是很初步的。时间、乔艳琳主编,崔永元、关秀玲、赵一工策划的《实话实说的实话》(上海文艺出版社,1999)里有一段崔永元说的:

> 后来不久,就见到著名作家麦天枢,我向他叙述自己的苦恼,说自己过去有个很好的习惯,看看书、读读报,现在时间越来越少,尤其是静下来读书的时间。麦天枢说:你听说过这样一句话吗?读万卷书、行万里路。这句话是什么意思?我就愣了,我觉得这句话没必要解释。麦天枢说:十个人有十个解释得不对。这两句话是并列的,就是说,一个人读一万卷书和行一万里路,收获是一样的。不是说先得读一万卷书,再行一万里路,那任何人都达不到这个境界了。他说我再给你加上一条:和一万个人说话。你现在就靠第三条,这和读万卷书的效果是一样的。这让我豁然开朗,我觉得现在我一直在充电,而且不比谁充得少。(110页)

近来在讨论某某说读书是一种浪费。我觉得某某说的话是很有道理的。书里面写的都是生活里来的,会生活比会读书更重要。会读书的人一定要会生活。我们的野外调查很重要,要跟读书结合,但是比读书重要,或者说这也是一种读书。野外作业,还要身体好,思维要积极,手要勤,要及时记录,包括记自己的思考。

更要跟在思想和学术前沿的人交谈。出版了的书一定程度上都是过时的,有许多具体的人和事是不写的,许多好东西也没有写进去。许多前沿的东西在站在前沿的人的脑子里。这里还想说的是,老师上课说了很多基本的内容,也说了很多前沿的和自己研究的心得,同学上好课比一般的读书重要。顺便说一下,读论文比读成本的书重要。我们读论文,特别要注意刚冒头的新见解。新见解起初都是散见的。就像一个大部队之前有先锋、侦察兵。更重要的是读那些还没有发表的论文,或者叫潜论文。我当过几十年编辑,"文革"结束之后我在《中国语文》编辑部当过秘书。那时候来的稿子我先看一看,一大部分稿子我先筛选掉了,一小部分分下去再审。我连续做了大概七年这样的工作,一个月估计有1000篇来稿吧,七年我读了7万多篇这样的潜论文。《中国语文》一年六期,一期大概15篇论文,我们一个人一般加工两三篇,然后交换着看,还有校对,我们每一期的论文都细细读过四遍,这算是精读了,七年下来就这些论文精读了630篇。这还不是一般的精读,是我们参加把这些潜论文变成了发表的显论文。同学们可能不一定有像我这样当编辑的机会,但是大量读潜论文的机会是很多的,例如许多博客里就有许多潜论文。

还有,写过书的人来读书,心态和意见跟没有写过书的人来读,会很不同。所以,现在我们做学问的,如果还没有或者没有怎么写过书的,读起书来总有一些欠缺,还要尽快弥补。我要我的学生写书,一个目的是可以更好地读书。当然,书是分层次的,层次相近可以共振,层次很近可以谐振。我们写过一些书的人,还要进一步提高写书的层次。

《应用语言学概论》的编写和使用[*]

这本书 2003 年 8 月在商务印书馆出版。我主编，郭熙是副主编，编者有邢欣、侯敏、夏中华、李宇明。这是"应用语言学系列教材"里出版最早的一本。第一版 3000 本平装和 1000 本半精装。后来平装本几乎一年再印一次，有时候一次印 4000 册。到 2011 年 10 月已经印了七八次，估计已经印了两万多册。这些书主要用作高校教材。按中国传媒大学使用做教材的册数推算，估计有近百所高校用它做教材。

我想按时间来谈三个问题。一个是这本教材出版之前，就是考虑和编写的过程。二是关于这本书。三是这本书之后。都是为了谈谈关于应用语言学的一些认识，结合着谈一些研究和教学方法。

先谈出版之前。

这本书经过了 15 年。

要从 1987 年谈起。语言文字应用研究所接受国家语委指令性课题，要编《应用语言学导论》。我们先访问，座谈，调查研究。那时候有龚千炎、我、研究室的刘一玲，还有龚千炎的硕士研究生

---

[*] 2011 年 10 月 12 日给中国传媒大学文学院有关学生的演讲。

郭龙生、张舒、郭晓峰。我也是组员。当年4月一起去了哈尔滨,9月一起去了广州。5月去上海,是我带了几个年轻人去的。10月23、24日在广州召开编写的专家工作会议。我把会议纪要附在《二十世纪的中国语言应用研究》(书海出版社,1996)14页到24页里了。

这个会上有一点比较明确,有一点实际上不明确。比较明确的是应用语言学有理论。实际上不明确的是应用语言学不是几个分支学科的组合。我在会上报告了访谈的情况和我的认识,认为应用语言学大体是语言本体和本体语言学跟有关方面接触和接触部的整体的规律性的学科。可是我在会上发现,编写的时机不成熟,主要因为没有可以联合起来打通关的人,就是缺乏对应用语言学有整体认识的人。

我还是一直想着编这样的教材的。后来,我在这方面主要做了三件事。

一是在对应用语言学的整体认识方面,又做了些课题研究。我原来在作家作品语言、推广普通话、语言规范化、语言规划、语言教学方面做过一些研究。后来除此之外在新词新语、广告语言、播音主持语言、媒体语言方面又做了些研究。新词新语研究很重要,新词新语研究是这几年我们语言观更新的排头兵。原来许多人认为语言里面稳定的是上乘的,那么我们整理和研究新词新语干什么?交际需要。可见得语言是由比较稳定的内核和比较活跃的外层以及中介物构成的,我们逐渐有了语言内核外层互补说和一系列新认识。广告语言研究也很重要。广告语言几乎是语言里最外层的,我们从语言的最外层往里看,可以换个角度看看语言的全貌。我们进一步注意了语言里新的好的现象,提出及时发现和介绍新的好的语言现象的这种积极规范比找毛病改毛病的消极规范更重要。写广告词要特别聪明,我们还由此进一步反思语言学者的基本素质,应该是大聪明。

还有一件事,是进一步探讨应用语言学有理论。我在语言所21年,又在语用所做了建所的策划工作,对此有了些考虑。那时候读了卫志强的《当代跨学科语言学》(北京语言学院出版社,1992),写了一篇书评《领先科学——语言学的本质》,借题发挥,比较全面地探讨了这个问题,发表在《语言文字应用》1993年第2期上。从1996年10月17日开始,我主持了语言哲学对话,到了第一轮末尾的时候,计划整理《应用语言学理论纲要》,1999年出版了我主编的《语言哲学对话》(语文出版社)和《应用语言学理论纲要》(华语教学出版社)。

第三件事是对应用语言学整体认识和应用语言学有理论相结合方面,我参加筹建《语言文字应用》杂志,并于1994年到1996年担任了主编。这个杂志是中国应用语言学科独立形成的最重要的标志。我任主编,主要展开了三场讨论。一场是语文教学讨论。一场是语言观讨论,组织了三个纪要,一个是上海的,一个是南京的,一个是武汉的。还有一场是广告语言讨论。我任主编,有机会组织中国应用语言学的一个重要阵地,也对应用语言学的许多问题有了实践。一个重要成果是1996年,出版了我的《二十世纪的中国语言应用研究》。这本书是后来《应用语言学概论》的重要基础。

1998年底我到北京广播学院任教,一开始就教"应用语言学",临时用的教材是《二十世纪的中国语言应用研究》和《应用语言学理论纲要》。

1998年8月18日到20日,第二届全国语言文字应用学术研讨会在黑龙江大学举行。在会上许嘉璐就我国应用语言学的进一步发展提出了三点意见:一、加强理论建设;二、应用语言学进入大学课堂;三、知识更新。当年10月13日出版的《语文建设》第10

期刊登了许嘉璐的讲话。会议论文集《世纪之交的中国应用语言学研究》,华语教学出版社 1999 年 12 月出版。会后,陈章太为了落实应用语言学进入大学课堂,找我商量编教材的事。那时候,周洪波到了商务印书馆,我很快到了北京广播学院,后来商务印书馆汉语编辑室和北京广播学院播音主持艺术学院两家策划编教材这件事。

1999 年 10 月 18 日、19 日,北京广播学院同商务印书馆在北京广播学院联合举办第四次语言应用学术讨论会,中心议题是世纪之交的应用语言学、应用语言学的教材建设。陈章太在会上谈了《关于编写应用语言学系列教材的几个问题》。会议论文集由我主编,叫《世纪之交的应用语言学》,北京广播学院出版社 2000 年出版。10 月 20 日,应用语言学系列教材编写工作会议在商务印书馆召开。

在这之前,4 月 23 日到 25 日,"庆祝《语言教学与研究》创刊 20 周年:语言学及应用语言学学术研讨会"在北京语言大学举行。我在会上说了《编写教材〈应用语言学〉的几点设想》,这是我编写《应用语言学概论》的大的思路,后来收在我的论文集《语言应用论集》(北京广播学院出版社,1999)里。

编写的时候,我发现那时候我编教材还不太行,郭熙要强得多,于是请他当副主编,他出了很大力气。邢欣、侯敏、夏中华各有专长,分工编写有关章节。李宇明通读全稿,提出很多修改意见。第一总主编陈章太也提出许多修改意见。

因为第一本即将出版,陈章太和我商量了个总序。这个总序很有分量,对应用语言学科的历史、现状、成绩和不足、今后的设想都提出了看法。

2003 年 8 月,《应用语言学概论》作为系列教材的第一本出版了。

接下来谈谈关于这本书。

这本教材里不说"言语",不说语言的产生和消亡,不说语言变体,不说理论语言学。这些有的是编者的共识,有的只是主编的认识。

关于不说言语,联系到我参加 2002 年 10 月 25 日到 28 日武汉大学等在武汉举行的言语与言语学国际学术研讨会的论文提要《关于"言语"和"言语学"提法的几点疑问》,大概可以看出部分理由:

一、提法的讨论有没有必要继续。20 世纪 60 年代有过一次大讨论,主要在南京大学。发表阵地主要在《中国语文》,不久《中国语文》停止讨论,此后一直没有继续讨论。那时候我在南京大学。不久我到了《中国语文》。吴为章《新编普通语言学教程》(北京广播学院出版社,1999)里也介绍和分析了不同意见。

二、关于"言语"的提法含义也不同。关于"言语",20 世纪 60 年代也有过争论。方光焘和高名凯不同。因此引起关于"语言"的提法含义也不同。有的认为是抽象的系统,有的认为是静态的系统。

三、现有的提法里都有些不严密的地方。例如为什么大量使用的是"言语",几乎不用的是"语言"?动态的抽象之后为什么是静态的?个人用的怎么区分是非社会的?既然是非社会的,为什么等用得多了可以进入"语言"?现有的提法带来的问题是成了"追认观""静态观""历时共时严格限制""全民语言及其变体""语言有一个静态的仓库"的部分理论根据。有的"言语"的提法可能成了个"筐"。

四、关于"语言""言语"区分的估价。"语言""言语"的区分既然是划时代的功绩,那么过去不分以及后来不分一定要犯错误。据我所知,丁声树、吕叔湘、朱德熙不分,我们可以找一找他们哪些地方因为不分导致了错误。

五、"言语说"有多少实际意义。"语言"的提法是有不同含义的,提出"言语"是否解决了问题。发展语言运用学说、语言应用学说、语用学以及有关的学说,用了"言语学"利弊如何。

六、我们认为"交际之外无语言"。我们提出"语言内核外层互补说"。我们主张"交际是语言的本质""唤醒的是语言交际""动态观""前瞻跟踪观""纵横交错的研究""语言研究以人为本"。我们为包括"本体语言学""应用语言学""语言学理论"的"语言学"的发展而努力。

关于不说语言的产生和消亡。我们认为运动是没有开始和结束的,我们说的开头和结尾实际上都是假设。时空也是没有头尾的,我们说的头尾也是一种假设。事物不是同时空同样显现的,显和不显,一切物质都处在一个运动的中介环节,或者说在过渡状态,或者说在潜和显的状态。潜和显是运动的体现。语言也是如此。

关于不说语言变体,主要是现在的变体说有许多不妥。事物有区别有联系,说明这些还要考虑到便于学习。关于语言变体大概有几种说法,都值得考虑。一是哪是原体、正体?本来是集合体,都是交际单位,有先起和后起的不同。二是说某些双音节是单音节的音变,是不是单音节是本体?三是说民族语言的地方变体,是有个民族语言然后变成各地方言的吗?四是说个体是总体的变体,这在语感上通得过吗?五是说民族语言的本体的变体,例如说网络语言是民族语言的变体。网络上用的都是网络语言,不只是一些词语。如同儿童语言不只是一些叠音词等。还有广播电视语言、文学作品语言、法律语言。其中有的特色鲜明,有的不够鲜明。其中生活语言是重叠的,但是进入某个语体里面都兼有生活语言和该语体的特色。语体是交际类型。

关于不说理论语言学。我们认为应用语言学本身具有理论，有这样几个主要依据：

一、没有人事先准备了完善的语言学理论以供应用。这是事实。应用语言学的每个研究部门、研究项目没有成套的相应的研究语言学理论的部门、项目为它提供完善的语言学理论。应用语言学常常要一边解决实际问题，一边建立和完善应用语言学理论。

二、任何层次的应用都包含了下位层次的理论和提供了上位层次的理论。

三、语言学之外也有理论。本体语言学可以从语言学之外吸取理论，应用语言学也同样可以从语言学之外吸取理论。

四、应用语言学理论最根本的、最终的来源是语言生活实践。当然，应用语言学理论经常性的是综合的来源。

五、上面几个依据主要还是思辨性的。最根本的依据是实绩。一批语言学者梳理了一些应用语言学的基本理论。

确定了应用语言学具有理论，给语言学带来了一种新的分类。原先的一种分类是理论语言学和应用语言学，认为前者有理论和谈理论，后者没有理论，只是前者理论的应用。这种分类里没有本体语言学。新的分类是三个部分：一是本体语言学；二是应用语言学，两者都有理论；三是语言学理论，也有人称为语言哲学，是本体语言学理论和应用语言学理论的融合和提升。

这本教材我主要给一年级上学期的本科生用。这门课介绍应用语言学的定义、简史、研究范围、主要理论、研究方法、新的成果、发展趋向等。帮助学生了解大的学科背景和现状，并且提高理论认识和应用水平。是一门专业基础课。每周一次 4 小时，一学期 72 小时。也可以上 60 个小时或者 30 个小时，那就要适当精简掉一些内容。

说史的部分，后面要详说的，起先略一些，不然，起先说得比较详细一些。

我布置了很多练习。两个大的练习是先后做两个跟课上内容有关的调查报告。这是做学术研究的基础。报告要说清楚时间、地点、人、方法、情况、看法,注意材料和看法的结合。每一次我都讲评,请几位上台说说自己的想法,脱稿说。许多调查报告做得很好,有的还发表了。还有一个练习,我先讲中国的应用语言学,理论含在里面了,安排几个学生先注意梳理有关的理论。到讲有关理论的时候,请同学先讲。这是教梳理理论的方法。理论在哪里?你自己也可以梳理出来。我们认为语言现象和出现的条件的关系就是规律,是语言运动的秩序,说明和解释这个语言运动秩序的就是理论。还有几个练习,一个是语言综合能力自我测试,我拟了30道题。还有语言延伸段和交叉段的练习,例如说说"带和戴""年轻和年青"等的同和异,让学生有比较穷尽地解决语言使用实际问题的能力和方法,从实际认识理论。还有联想练习,分别从"夏天、冬天、红色、白色、圆、曲线"等联想有关的词语,台下可以支招,安排同学记录和采访在台上做练习以及台下支招的同学。让同学亲身体会联想的认知意义、自己的思维情况、各人的思维都是不同的,什么是语言创新和什么情况下容易语言创新,创新和务实,语言交际的攀升效应。

老师还要补充教材出版后的新的重要的情况和新的重要的思想。

没有教材,老师和学生不方便。有了教材了,如果照本宣科,要老师上课干什么?所以上课还是跟教材若即若离,既利用教材,还要发展教材。

组织课堂教学是个有机的整体,教材只是其中的重要部分。

除了上这门课的学生系统地听过我讲这门课之外,我还有意识地培养了几个教师。我带过的博士刘艳春、於春、惠天罡系统地听过我上这门课。后来中国传媒大学文学院的许蕾给高年级学生上这门课,我介绍了教案和教法,她上完了这门课说学生很感兴趣。我带过的博士、中国青年政治学院的郭丽君要上这门课了,我又介绍了教案和教法。或许,示范教学、介绍教案和教法等,也是组织这门课教学的有机整体的一部分。

下面谈谈后来的情况。

后来我又出版了五本有关的教材和一本有关的论文集。

一本是谈研究方法的《路途和手段——语言学及应用语言学研究方法》(中国经济出版社,2004),主要是给硕士生上了几年课整理出来的。前面第一、第二两讲谈方法的性质、地位和作用,主要是方法和运用的原则。后面十一讲主要谈我在十一个具体领域里研究方法的运用:语法、推普、规范、规划、新词新语、播音主持语言、广告语言、作家作品语言、网络语言、理论、历史。最后一讲提升,又谈总论:融于生活,融于自然,以人为本;实践的根扎得越深越好,理论的头抬得越高越好;高效率,经常做力所不及的事情;重在建设、选优、滚雪球。这或许是谈方法的方法。后记是"为人为学为道",总体是先谈一般的道理并举例,再从实际研究谈方法的运用,又进一步提升来谈道理。

一本是《应用语言学前沿问题》(中国经济出版社,2006),是给博士生上了几年课整理出来的。

一本是《中国现代应用语言学史纲》(中国经济出版社,2005)。原来的一本是《二十世纪的中国语言应用研究》,是关于20世纪的,1996年出版,写到1995年。我后来上课总要补充后来的历史,还有一些认识也不一样了。后来上博士生课的时候跟我的学生一起修改成这一本了。

一本是《应用语言学教程》(华语教学出版社,2008),是给硕士生上了多年应用语言学课整理出来的。原来上这门课有补课和提高的任务,后来似乎成了一种类型。我们的硕士生起先用了电子版。深浅介乎博士生和本科生之间,又有一些独立性,跟两者的教材区别的部分各大于三分之一到二分之一。说是硕士生教材,因为写在博士生的教材《应用语言学前沿问题》的后面,有不少新的思想。

一本是我和於春、刘艳春编的《广告语言概论》(中国广播电视出版社,2007),跟我主编的《广告语言教程》(陕西人民教育出版社,1998)有许多不同。

一本论文集是《应用语言学的历史及理论》(商务印书馆,2009)。这个书名是我带博士生的方向的名字。

总的说来,教材的内容要不断更新,还要逐渐下放:给硕士生讲的逐渐下放给本科生讲,给博士生讲的逐渐下放给硕士生讲,给博士生逐渐讲更高的内容。所以,老师需要逐步提高。我带过的硕士施春宏早就是博士了,在北京语言大学任教,他那里的学生水平高,他上课又上得好,他可能给本科生上应用语言学,大概一上来就用《应用语言学教程》做教材。我们这里的许多学生,经常在应用语言学的氛围里泡,这方面的水平也很高。我2009年上半年给中国传媒大学语言学及应用语言学专业应用语言学的历史及理论方向的博士生上这个方向课,讲的就是刚整理的《应用语言学演讲集》的内容,很多是还没有公开发表过的。

写博客的几点建议

2006年9月9日,我的博士生天行健送给我一个教师节礼物,他给我建了一个博客。天行健说这个网的博友比较单纯。于是,我就写起博客来。访客逐渐增加,2008年6月初到了11万多人次。那时候碰到三件事。一件事是评论好像比较困难。别人评论了,我要在评论里回复,可是很难发上去,一再说我验证码不对,不就是那几个阿拉伯数字嘛,我能几次都错了?有时候说是验证码不对,可是又发上去了,怪哉。许多博友也说,他们要评我的博文,经常说他们验证码不对,上不去,建议我搬家。第二件事是有一两个类广告孜孜不倦地留言或者留评论,老是那几句话,我删不胜删。第三件事是有一位博友问我一件事,大概十几天才显出来。我回答了,可是也是好多天之后才能显出来。于是我想搬家。刚好潘炜在我这里,他帮我搬家。可是,搬家要有连锁关系,这个博客网跟不少写博客的网没有连锁关系,还搬不了。于是,2008年6月12日,我在网易博客网里新安了个家。原来那个博客,我发了告示十几天之后都删掉了。这个新家,起初比较冷清,也挺好的。现在访客多了起来,不过也还合适。算起来,我写博客也有三四年了,博文也有五百多篇了,访客累计也有16万多人次了。有几点关于写博客的建议,大体上分成13个建议,供朋友们参考。

一是经常更新。

我起初觉得很难经常更新,哪有那么多好写的?一写起来,好像要写的越来越多。大概是思维积极了。一来是思考的问题多了。二来是有些事思考得深了。就拿现在这一篇来说,一深入思考,就有好多内容。我们讨论了网络、手机,也需要讨论博客,完全可以以此为题写论文和书,例如博客的出现、博客的作用、博客的类型、博客的用语、博客的作者、博客的访问者、博客的演变和趋势、博客带来的启示。

我原来多少还迷恋纸质作品。出书碰到困难之后,觉得有点被封锁了似的。后来一想,出书那些事,没有多少人关心的,出不出书跟多少人有关系呢?出书,那简直是少数人奢侈的事。有了博客之后,我觉得这也是一个广阔的天地,似乎是更重要的天地。要珍重这个天地。

写的时候要有心气,要有一种好的状态,我们行里话说要有一个"程序语言"或者"整体设计语言"。总的是要看重博客,对自己说:"我要写,而且写好。"写的时候要有精气神,不能敷衍了事。让博友访问了会愉悦,会有精神。

要经常更新。写一篇,大概就个把小时。我一般是一早起床就写,精神好的时候写,写的时候很精神,写完之后兴奋好长时间,这一天都很精神。一天或者三两天花个把小时梳理一些想法,激活思维,跟博友交流,这也值得啊。这也是"不孤独"的一个办法啊。你老不更新,多少说明你的想法老不更新,或者你建立了博客又不很上心,博友也懒得常常访问你了。

博客的品位或者说情趣,很重要。要真诚,要厚道,要时常有些新东西。不然自己懒得写,博友也懒得看。不要老翻来覆去絮叨。不要太空洞。总要逐渐有些深度,有些思想的火花。

博文要好读。学术性的也要努力好读。多谈些大家关心的话题。内容丰富一些,这样,自己的生活也丰富一些,不同的博友好找到他感兴趣的话题。

当然要有个性。不要惹事,不惹事的人不惹事。也不要过多包装。粗糙一些没有关系。个性里很重要的部分是探索、讨论、进取。这里很讨厌万能的教师爷和霸气。不过,他们大概也瞧不上博客,也不来这里。

还有,我不很喜欢自己设计纯格言。我们引用的许多格言,其实都有背景和上下文。格言也应该有发展了,要多一些人情味儿和生活气息。我更喜欢生活气息浓的准格言。以后有机会我再专题讨论格言。

还有摘录,最好同时多谈谈自己的想法。

二是有个大概的定位。

我几乎都是早上写博客的。我一般早上也工作。起床后在电脑前往往一工作就是三四个小时,然后才漱洗和吃早饭。我早睡早起,晚上八九点钟就睡觉了。我不喜欢晚睡晚起。我觉得晚上大自然歇息了,我们不歇息,有点不顺应自然。我是不是有点农民的生活习惯?我很喜欢农民的。

早的时候读过一本书,是说一些名作家一天里是什么时候写作的。我记得多半是上午写作的。记得说有个作家上午写作,下午就会会朋友什么的。我记得后来张炜有一篇文章说他有一次晚上写作,写了好多,第二天早上一看,发现写得不好,都撕掉了。

文如其人,写的文字里有写的人写的时候的精气神。你不管什么时候写,写的时候总要有精神。有的日志常常是说:"困了,就写这些吧。"困倦之意弥漫于文字之间,写得也有些草率,我们读起来也觉得没有多少味道。

博客的日志跟日记不同,但是也是日记的补充。

我许多年不写日记了,早的时候的日记里也抄录我写的一些资料,例如一些文章。后来的日记大体上是大事记,因为有些大事,日子一久脑子记不准了,例如什么时候参加了一个重要的会议啦,什么时候到哪儿去讲学,讲的题目是什么啦,什么时候写了篇什么稿子啦。这些多少跟单位里要填报表有关。博客里也可以有这样的资料,但是不以大事记的形式出现。

博客总的也有时代性甚至时间性,有的篇章是即兴的,相当于日记。

个人的博客总要有个定位。既是自己方便,有时候也跟别人分享和交流。各人的情况不同,于是博客五彩纷呈。我的博客大体上以应用语言学理论为内核,应用语言学理论大概也不一定是板着脸而让人敬而远之的。我觉得学问在生活里,深入生活才能高于生活。实际上我们真的不是高于生活,自己的认识和言行处在生活里稍微高一些的层次而且常常有些提高就很不错了。高于生活不是脱离生活。脱离生活的,一定没有深入生活。深入生活就是深入人民大众,自己的认识和言行真的是人民大众的,自己的心和生活真的是人民大众的,是人民大众里很基层的部分里的。这应该是做不做学问或者做什么学问都共同的内核。我的博客里也会谈一些外延的,那是生活里内核部分在我的专业里的表现而已。外延部分里的讨论群,估计这一行里的人会比较多。即使讨论专业,也要有个性,个性就是你深入生活的程度和经常观察生活的某个领域以及你思考的角度。总的是深度和角度。个性是深度和角度的体现。你的深度深,角度有些不一般,个性就比较鲜明。或者说,个性是有相当深度的类型。就拿现在这一篇来说,既是来自一种新的交际类型的实践和思考,又是专业的。研究博客,不深入博客不行,没有一些博客的实践和思考不行。说到博客的个性,总要让人看了你的博客,多少会觉得:"哦,还有这样的人,还有这样的认识。"

三是不要成为一种负担。

写博客,要用其长,要方便自己。一个是看自己是不是真的需要有一个博客,自己是不是具有有一个博客的基本条件。还有,还要了解和尝试博客的功能,可能博客有这方面的用处,自己也需要,而自己却不知道。想想办法,不要每一次写博客都花太多的时间。其实博主们在省时省力和留备份等方面是有许多办法的。还有,如果博客能改变自己一些不好的习惯,如果在某些方面能提高自己,起初会觉得不方便,那么尝试着改变和提高自己。

　　四是博客本身也需要改进。

　　博客的管理工作也需要改进。媒体发展的动力之一就是便于交际。总结和提出改进和发展的需要,也很有意义。

　　例如,写评论要填验证码,我不知道有什么用。不少人填了验证码明明填对的却被告知验证码不对,不让发表。我们往往写博客是先在文件里写好再复制上去的,可是写评论很少这样做,不让发表,搞不好,原来写的就丢掉了,不少人不愿意重写,就少了一个评论,而且可能是个重要的评论。

　　例如,别人留言和评论了,我不好在他的评论和留言下面回复。为此写一篇文章吧,也没有必要。博客大概是文件、电子邮件和聊天室还有手机群发各个功能缩小一些后的综合,它有网络最基本的特点——互动,博客应该在互动方面发展。有的博客和类博客里有回复留言、评论这个功能的,新的博客管理是不是需要博采众家之长？网络聊天室里网管即斑竹是相当管事的,博客里是不是有网管或斑竹？如果有,是不是也很管事？

　　还有,有的博客里壁纸样式太少了,说是精美,其实许多也不怎么精美。这方面也需要改进。

　　还有,我在文件里编辑好的,复制到博客里,行距、字号、空格等变了,甚至一样的字号有的变了有的没有变。我有一位朋友是网络高手,是大虾级的。有一次我看他的日志,行跟行叠起来了。

很可能是博客管理的问题。

也不知道博客管理员看不看我这些意见。

五是谈自己熟悉的话题。

有一位博友留言说:"我经常写一些感悟性的文章,姑且称之为文章吧,可总感觉不够深刻,希望您能给予我批评指正。"我回答说:"最基本的是谈自己熟悉的话题。还有,沉到生活里面去,沉到老百姓的生活的深处去。这样,你才会知道真实的情况,才会知道真实的意见。沉得深了,认识就深刻了。"

我们常常说某某人会说话,某某人口才好,某某人文笔好,于是也常常想办法练说话,练口才,练文笔。办法五花八门,似乎有些效果,也似乎没有多大效果,理论上似乎也缺少根据。

我几乎天天晚上入睡以前都听广播。有一个节目是一男一女说新闻,也算是谈话类节目吧,我比较喜欢听,觉得这两个人口才不错,似乎什么话题都可以谈,还谈得比较深刻。有一天这两个人谈推广普通话宣传周,这在我的专业范围之内,我一听,他们外行话太多,我越听越觉得不对头,不觉得他们会说话了。或许以前他们谈别的话题,对那些话题很专业的人听了也不觉得他们会说话,或许觉得他们会说话的是对话题不怎么了解的人,或许他们两个几乎天天在临时准备之后说一些他们并不很了解的话题。于是,我进一步觉得要会说话,就要对说的内容有比较深刻的了解,不存在脱离了对内容了解的会说话、语言美。

我们自己也有这样的体会:说到我们有见解的内容了,说话顺畅了,听的人甚至我们自己也觉得用语很美。我们一般不说我们不了解的话题,因为我们知道说不好。当然有的"专家"常常热衷于谈隔了好多行的别的行当里需要一定专业知识的话题,他们或许帽子上都沾了不少"官"气,他们以为自己"官大学问大,官长学问长"吧,有的媒体动辄以"专家说"冠之,我们佩服是佩服,但是并不去效仿，或者是连佩服都不佩服的。我们会尝试去了解新的事物，但是不尝试谈自己不了解的话题。

所以，叫人家不管什么话题、不管对那些话题了解不了解、不管自己要说的话想好了一些没有，张口就来，而且滔滔不绝，而且还有声有色，而且还美，恐怕是难为了这些老师和学生。

我教过的一个学生上电视参加一个挑战主持人一类的竞赛活动，她抽到一个大概是戒毒一类的说话的题目，没有说好。主持那场活动的两位主持人也很同情她，说是十八九岁的女孩子本来就不熟悉戒毒的事。我也很同情她，我觉得用别人很不了解的话题来考人说话的本事，大概不怎么合适吧。或许当今的不少主持人，必须要有对不了解的话题也能侃的本事吧。

语言交际到位就美。这个到位包括了文和质。不够美，说明语言交际还不够到位。到位，一定准确，准确就是跟别的联系与区别清楚，当然就鲜明。

认识深刻，语言才容易生动。人民大众的语言生动，因为他们对他们的那部分生活的认识很深刻。认识深刻了，语言表达才能浅出。

不是说认识深刻了语言表达一定就好，语言还是要下苦功夫学的。但是，认识不深刻，语言表达一定不会好。这些也属于语言学。说这些话也是有针对性的，几次青年歌手电视大赛，评委都一再批评说，不少歌手只是在唱音符，不能打动评委的心。到了决赛了，还有不少这样的情况，说明实际上对什么是美的认识的糊涂不能不说是相当严重的。

六是经常浏览博友的博文。

我有时候浏览博文，一般是限定的几位博友的博文，真是学到很多，也有几点建议。

第一，不必常常有个带有广泛意义的结论，或者是"光明的尾巴"。有时候说的那件事情本身很有意思,我们也没有认识清楚,我们自己思考,让别人也思考。新中国的散文大概因为结束了有时候是人为的"光明的尾巴"的时期,而开辟了一个新的时期,我们不要有些倒退。

第二,要区分婆婆妈妈跟性情中人。张炜小说里写一个人想:"想想看,你爱我爱啊,孩子老婆酱油醋啊,会把一个好生生的男子汉弄得婆婆妈妈手无缚鸡之力,凡俗平庸斤斤计较,最后搞得鼻鼻涕涕的。"(张炜《能不忆蜀葵》,《当代》2001年第6期58页)有一次我当着好多人跟一个人半开玩笑地说,她以后生了孩子,别管得太多,尤其是儿子,不然的话,她的儿子会成为"鼻鼻涕涕"的,不像个男子汉。她也当着大家半开玩笑地同意了。

第三,不要使小性子。为了某些事去争个我对你错,没有价值。要逐渐增加些"大气"。

第四,区分智慧和冷面以对。有人的评论或者留言似乎有些不怀好意,博主的回应很巧妙,但是似乎有些横眉以对。我觉得有时候不理不睬更好。看你博文的人是很多的,在看别人的评论和留言,也在看你的回应,对各方都在评价。你面对的不仅仅是某个访问者,而是面对所有的访问者。

第五,区分博客已有的功能和可以扩展的功能。博客出现的时间不长,我们对博客的认识可能还比较肤浅,博客的许多功能还没有显示出来。我们不要过早地认为博客就是怎么怎么样的,我们要通过我们的实践进一步显示它的功能。

七是烦恼之后是智慧。

有一阵子,我晚上七点半到八点半看天津台的"小房东"。"身世之谜"里说刘四爷有心事,很苦恼,又不能对人说。马奶奶最后出了个主意:"写日记啊。"刘四爷照办了。写日记还有释放苦恼的作用。

我上博客的时候都链接到好友那里去看一看。有的好友好多天没有新的博文了。原因是各种各样的。有一位博友说她好像没有多少新的思想了。我自己有时候也觉得没有那么多的话可说了。但是,杨树达十几大本日记写的可不是琐事,还都是毛笔写的。我到岳麓书院去看过,那里有个展品,好像一个清代的大将军,每天工工整整用毛笔写近万字的日记,其中有许多内容是教育孩子的,他总比我们忙多了吧。

我想,写博客可能有几个阶段。起初很新鲜,很兴奋。朋友们给新博客支持,来访和评论的也多,博主还有许多话要说,博文如流水般源源出来。后来,这一类的话说完了,就两天打鱼三四天晒网了,甚至觉得上博客是占用了做正经事的宝贵时间。

可能人脑子里有几部分的思想。至少一部分是苦恼,一部分是智慧。苦恼释放完了,智慧可能就快出来了。智慧也有层次,一般化的智慧释放完了,高层次的智慧可能快出来了。当然不能光冥思苦想,要有丰富多样的生活的来源,否则真是枯竭了。

所以,在某个阶段还有那么多的话说,可能是那个阶段还没有结束。在某个阶段觉得没有那么多的话了,那可能是进步,要进入新的阶段了。后一个阶段跟前一个阶段会有交叉,但还是看得出有了不同。

所以,到了某个阶段要结束的时候,适当调整一下,接着来。这里也是或者主要是在勉励我自己。

苦恼之后是智慧。兴奋之后是安详。超负荷之后是正常安排。枯竭之后是新的活水源源而来。

八是互动。

网络媒体在满足人们需要方面带来的最大特点是互动,博客不同于自己写日记,也应该互动。我在这方面做得很不够,我已经注意到这个问题了。看到盈盈评论说看我的博文如同听长者的教海,我就更注意这个问题了。后来日出东南隅留言之后,我第二天立刻回应说:"谢谢日出东南隅光临,希望你的参加增加互动。"我的做法是适当参加别人博客的讨论,我的博文适当跟别人的博文呼应,对别人的留言和评论增加回复。

九是认识有个阶段性。

叶原嘉在我的博客里评论说:"按熊老师是于老师徒弟的辈分来算的话,我们都是于老师的徒孙。可是我们又都是于老师面对面教过的学生,我们也很荣幸。我记得我毕业后,于老师曾经给我发过一封电子邮件,里面说了一个'在山弟子'和'出山弟子'的故事,后来我回复说我还是想享受您的'在山弟子'的待遇,很幸运的是,于老师和师母这些年来非常关心我们这些弟子的情况。祝于老师和师母身体健康!"

谢谢叶原嘉。不过,此一时彼一时也,此一层次彼一层次也。我并不很看重师生关系、师徒关系,老师只是导游而已。有多少师生、师徒关系并不很好。有的师生、师徒关系很好的,是因为其中更深层还有别的关系。有的并非师生、师徒,有了这种深层的关系,关系也很好。为什么一定要当弟子甚至于在山弟子呢?我们希望的是通过师生、师徒关系建立那种更深层的别的关系。弟子、在山,那不是很重要的。连我都要不当老师了。当老师,只是我的一个阶段而已。

我还说过:考不考得上是你的事,你考上之后能不能成才是我的事。我后来也不这样说了,因为情况也变了。

博客不完全是日记,但是也还有一些日记的性质。尤其是更新得比较快的博客,写下的往往是即兴的认识,不是一段时间再思三思后的结论,当然这即兴的认识也含有这之前认识结论的性质。这样即兴的认识比较鲜活,也比较能反映认识的变化发展,也能反映认识过程中的一些错误。我们的态度:第一,认识本来就有个过程,过程中就会有错误,认识了错误是进步,不要回避写下认识的过程尤其是认识过程中的错误。有的自己以为是正确的认识,其实也不一定正确,也处在一个过程之中。不留意这个过程,就很难有后面的进步。第二,宽待自己认识的过程,也宽待别人认识的过程,甚至是反复。第三,认识进步了,有的要改过来,改过来的主要方法是用新的认识来体现。过去的博客大概不必都去修改。所以,读别人的博客,一般要以后面的为准。别人读我的博客,也要留意过程和变化,一般以后来的为准。写的人、读的人,都需要留意博客里的认识是个过程。

很多事情都是一个阶段。有人说我搞过社会用语规范调查研究,后来没有搞,很遗憾。有人说我带过一个团队编过新词新语编年本,后来没有搞,很遗憾。事情是需要发展的,但是从我来说,我也只是顺乎自然而已。如果上面这些事情我继续搞,恐怕也有遗憾的一面,因为我总有许多搞得不错而后来不搞又搞别的还又搞得不错的方面。

拿这个写博客来说,博客还有一个很长的发展阶段。但是,从我来说,或许是一个不太长的阶段。不很需要,就不搞了呗。说是谢幕、逃避、金盆洗手,都无所谓。人生里面有很多阶段,不需要老守着一个阶段,尤其是还不错的阶段。人生本身也是一个大的阶段。这也是一种显和潜,易经里说的亢龙和潜龙,还有中间状态的。

我这个博客还会写一个阶段,或许是两三年吧。

所以,有很多能人就没有写博客。有的写了,长长休眠。有的开了不久就停了。其中有的是我的学生,我也没有怎么说他们,或许他们这方面比我先知先觉呢。

十是关于别人跟你说的话。

别人没有公开发表的话,也不宜马上公开发表的话,不宜用介绍和谈感想的方式给别人公开发表了。要公开发表,要由说话人同意,最好由说话人自己公开发表。搞不好,别人以后不跟你说了。如果是在几个人的范围里说的,这个人以后在这样的范围里也不说了,没有做不合适的公开发表的另外几个人,以后也听不到类似的话了。说话人说过一次不要随便到外边去说就行了,不必每次每句话都做这样的说明,听话人自己要把握好。透露个精神和大概意思就可以了,不要把涉及的人名等都公布出来。当然,公布要准确,包括听的人理解得准确。

还有一个情况,一篇博文里可能说了几件不同的事,写的人对几件不同的事有不同的看法,有喜欢的有不喜欢的,要分开写,不要熬成一锅粥。

十一是避免无病呻吟及其他。

好像"五四"时期就提出过写文章不要无病呻吟。无病呻吟有时候是女孩家家的撒娇,适时适地也是挺可爱的,不过这个适时和适地的劲儿是很不好拿的,过或者不及,那可爱的程度就要打折扣。还有小病呻吟,大概有的也可爱,有的也不怎么可爱。避免不必要的小病呻吟,或许要增加对于病的忍受能力,扩大心胸。谁没有一点小病啊,就你难受,要呻吟呻吟,要人同情、怜爱? 事后看看,几乎都是茶杯里的风波。还有大概是过于闲得慌,我常常奇怪,他们哪有那个闲空愁那点事? 或许他们太富有了,有那么多的空闲。他们中的许多人平时并不动辄就愁了,还是属于开朗、豁达甚至洒脱一类的,为什么博客里一而再地写这些呢? 值得调查研究。还有,休眠博客指一个月更新一次的那种,休眠两个月、三个月、四个月和更长时间的呢? 情况是不同的,或许可以有个问卷调查,不同情况做不同分析。还有留言,一般是"恭喜、向你学习、来踩一踩、写得真好",有的还做广告。讨论的比较少,可以讨论的问题读的人一般也不讨论,原因也很不一样,也可以调查研究。还有,友情链接的博客有的是成组的,是相互配合的,这个功能发挥得也很不够。博客现有的许多功能没有怎么发挥。

十二是博主应该也是博客调查研究的重要群体。

博主都是比较有文化的人了,自己写博客,博客是怎么回事,博主是很有发言权的。不过,要有意识地留意而已。博主也可以说说自己怎么写博客的,这是第一手材料,本身也是调查研究。例如,我是怎么开博的,起初和不久的心情怎么样,什么情况下更新比较慢,我在写博客的过程中怎么试着定位的。还有,博客的用语,我写博客跟写学术文章、散文有同有异,异的方面,我的博文里语气词就比较多,我可以举出实例,那么就可以进一步探讨语气词的功能。还有,我的几位博友的有关情况我也比较熟悉,所以我的认识不仅仅是从我个人的情况出发的。调查研究者本人也应该是博客的重要实践者,当然他要多了解博客许多方面的情况,不过,他总应该是博客的重要实践者。

还有,调查研究多用问卷、访谈的方法。调查研究不很熟悉的别的人,除了他的博文、他关于博文的谈论,有条件的话跟他本人见见面,听听他自己的看法总是好的。我们指导研究生写作,是很重视这一点的。有一次,有一位别人的研究生上课发言分析我语言交际观的背景,国内国外,说得很有学术味道,后来我说,我是当事人,我觉得不完全是这回事,你怎么不问问我本人呢?这又不费多大事。

还有,调查研究要从实际出发,实际还是变化的。关于博客的许多情况,不宜从定义出发,不宜从起初的样式出发评论说谁谁的还不算博客。关于博客,我们还在实践、探索、丰富。分类也不宜过细,许多情况是交织的,许多是综合类。评论某些博客的好坏,也宜宽厚一些,因为都在探索。我们评论的人多用一些复杂的思考方法,你不满意他老说一些对的话、有分寸的话,难道他说一些自己知道是错的话、缺乏分寸的话就显得不一般？我们关于博客研究的观念本身，有些也是值得探索的。可能问题不完全在对方的博客上，而在我们评价的观念上。

还有，需要调查一些苗头和倾向性的情况。我总觉得许多事情起初有些探子、先头部队，然后才有大部队。我们讨论前沿领域，要讨论前沿领域里的前沿的苗头和倾向，而这些都是不起眼的。评价博客，看点击率，也不完全看点击率。犹如我们评价广告，不是完全看促销。如果应该买的买了，就好；如果不应该买的也起哄来买了，并不好。有的商品面对许多人，有的商品只面对一些人。博客，也不要往一个模子里钻。我们也应该调查研究不很有大众知名度的博客的情况。还需要调查研究潜在博主的情况。

十三是博客的个性。

"每个人都天下无双！"这是搜狐博客里张茧简博客的题词。我也说过：任何人都有别人不可逾越的方面。

有的社会学里说，人认识世界的角度天生就是不同的，姑且不说看、听、嗅等感觉有差异，天生的，像指纹。加上人的出身、家庭、环境、教育、经历不同，个性就不同。老天爷让生出那么多不同的人，是因为每个人都是不同的，都是"不拘一格"的。世界需要不同的人，世界需要"不拘一格"。

人本来就有个性，但是许多人没有表现出什么个性，要去模仿。可能有时候表现某些个性也不很稳当。许多情况下是某个人表现了个性，站稳了，别人才模仿。模仿的人是在一定的安全系数里追求变化。这里也许有一定的社会背景。表现个性有时候也是要冒风险的。发扬了个性怎么办呢？领导会喜欢吗？同行会喜欢吗？创新就是个性的新的展现，创新的人不是没有受到长时间指责的。

人人都有个性。展示个性就是不掩盖。不掩盖不可能,也要少掩盖,少来假的虚的。不要热衷于模仿,不要老是掩盖。真诚就能展示个性。反过来说,如果个性展示不够,是不是真诚就多少有些问题了。

我们要发现自己的个性,发现自己某个方面有特点而且可以发展、有发展的潜力。这就是立足点,立足点是制高点,发现了不容易。首先认识到有,不要热衷模仿,不要混同于模式化。这里要把握事物发展的方向和动向,要把握先进的基本要求。

还有一点,要经常做力所不及的事情。一个人的长处,一个人的能力,一个人的水平,自己不一定都发现了。什么时候表现出来?往往是以前做过的最高水平的事,再跨前一步,看看行不行。比如,我以前最多跑5000米,我今天跑6000米,看看行不行,如果是行的,又进一步发现了自己。原来我还有这个本事呢!不要迷恋于什么"成熟、驾轻就熟、游刃有余、炉火纯青",要探索,要鲜活,鲜活是老有进步还老有不足。喜欢鲜活,追求鲜活,这本身就是个性的重要表现。

个性鲜明总是有主见,也有脾气。有本事的人都有些脾气,因为有些问题他先清楚了,他要坚持。他看问题深刻,而且经常深刻,这是个性的比较高的体现。这是说既有本事又有脾气,就是既有吸引力又有排斥力。有脾气有时候也很重要,很宝贵。我们看人,不要因为他有脾气就认为他不谦虚。看自己也是如此。

我们的博客也需要有个性。总要有个基本的定位。范围太窄了不好,但是没有核心也不会有外层。核心坚固了,跟别的核心才容易相通,外层才可能开阔。我们的博客要有一定的不可取代性。像我们这样的,不可能也不需要像某些明星那样吸引许许多多的人的眼球,点击率不会太高。明星那样的,需要;我们这样的,也需要。

还有，我们的博客，也还是需要突出重在建设，突出注意新的好的事情和思想。我们对不很熟悉的方面，少发表多少带有情绪的否定性的意见。我们先想一想，那样的东西我们可能不喜欢，但是世界上是不是也还是有不少人需要呢，也还有某些个性呢？

后 记

这本集子收录了我这几年在应用语言学方面的部分演讲稿。

有的稿子是在几个地方演讲过的,我比较随意地标了一个地方。当然在不同的地方的演讲还是有些不同的。这些演讲稿也不完全是演讲实录,演讲的时候还是会多说一些例子和认识,比较生动风趣一些。

"写博客的几点建议"一篇早就准备好了,还没有实地演讲过,也收在这里。

谢谢商务印书馆。谢谢责任编辑。谢谢读者。

于根元

2011 年 11 月 21 日